Sonia Bufarah Tommasi
Luiza Minuzzo

ORIGAMI
EM EDUCAÇÃO E ARTETERAPIA

Dados Internacionais de Catalogação na Publicação (CIP)
(Câmara Brasileira do Livro, SP, Brasil)

Tommasi, Sonia Bufarah
Origami em educação e arteterapia / Sonia Bufarah Tommasi, Luiza Minuzzo. – São Paulo : Paulinas, 2010. – (Coleção expressão e comunicação)

ISBN 978-85-356-2661-2

1. Arte – Estudo e ensino   2. Arte na educação   3. Arteterapia   4. Origami   5. Sala de aula – Direção   6. Trabalhos em papel   I. Minuzzo, Luiza.   II. Título.   III. Série.

10-05456   CDD-707

Índice para catálogo sistemático:

1. Origami : Trabalhos manuais : Atividades artísticas : Arte na educação   707

1ª edição – 2010
1ª reimpressão – 2011

Direção-geral:	*Flávia Reginatto*
Editora responsável:	*Maria Alexandre de Oliveira*
Assistente de edição:	*Rosane Aparecida da Silva*
Copidesque:	*Huendel Viana*
Coordenação de revisão:	*Marina Mendonça*
Revisão:	*Ruth Mitzuie Kluska*
Direção de arte:	*Irma Cipriani*
Assistente de arte:	*Sandra Braga*
Gerente de produção:	*Felício Calegaro Neto*
Ilustrações:	*Solange S. Kassab*
Capa e editoração eletrônica:	*Wilson Teodoro Garcia*

Nenhuma parte desta obra poderá ser reproduzida ou transmitida por qualquer forma e/ou quaisquer meios (eletrônico ou mecânico, incluindo fotocópia e gravação) ou arquivada em qualquer sistema ou banco de dados sem permissão escrita da Editora. Direitos reservados.

Paulinas
Rua Dona Inácia Uchoa, 62
04110-020 – São Paulo – SP (Brasil)
Tel.: (11) 2125-3500
http://www.paulinas.org.br – editora@paulinas.com.br
Telemarketing e SAC: 0800-7010081

© Pia Sociedade Filhas de São Paulo – São Paulo, 2010

*Sábio é aquele que conhece
os limites da própria ignorância.*

Sócrates

Aos deuses da Sabedoria.

SUMÁRIO

PREFÁCIO – Origami na educação estética 7

INTRODUÇÃO 11

CAPÍTULO 1 – A ARTE DO ORIGAMI

A arte de ensinar 16

História do papel.. 20

História do origami 27

Significados simbólicos... 31

Tsuru: o símbolo do origami... 34

Tipos de papel 36

Instruções básicas 38

Formas geométricas... 38

CAPÍTULO 2 – CONTRIBUIÇÕES PEDAGÓGICAS, PSICOLÓGICAS E ARTETERAPÊUTICAS

Contribuições pedagógicas 40

Contribuições psicológicas 44

Contribuições arteterapêuticas.. 47

CAPÍTULO 3 – A PRÁTICA DAS DOBRADURAS

Livro 53

Porta / janela / telhado.. 55

Borboleta.. 59

Casquinha de sorvete... 61

Tulipa e haste da tulipa 65

Vaso 71

Cão 75

Pinheiro e tronco do pinheiro 80

Peixe 84

Barco 87

Casa 92

Painel 95

Conclusão 99

Referências bibliográficas 101

PREFÁCIO

Origami na educação estética

Origami é uma arte de dobrar e/ou cortar o papel de origem japonesa, durante muitos séculos transmitida de forma oral e de geração em geração. Com o passar do tempo, essa arte foi se popularizando, as peças foram publicadas em livros e se expandiram no Ocidente. Pode-se considerar a arte do origami dentro do grande grupo das artes visuais.

A intenção das autoras, Sonia Bufarah Tommasi e Luiza Minuzzo, é resgatar um trabalho de duas décadas que contém uma proposta psicopedagógica e arteterapêutica utilizando o origami. Tudo inicia em sala de aula, mas há uma tentativa de ingressar noutros espaços educacionais que acontecem fora da escola. Assim, pensando a educação não formal observam-se as possibilidades que a educação estética oferece ao amplo campo da educação e das artes.

Educação estética é um processo de desenvolvimento e formação pessoal ou coletiva que envolve atividades perceptivas, expressivas e criadoras, considerando o ser humano em sua multidimensionalidade: corpo-mente-espírito-sociedade--cultura-natureza. Permite construir conhecimentos artísticos e científicos, assim como aprofundar saberes socioculturais, ecológicos e espirituais.

O principal objetivo da educação estética é a formação humana, tendo em vista que o aspecto estético é essencial para todo o processo educativo que começa no seio familiar, continua em diversas instituições educativas formais (escolas, colégios, universidades), não formais (grupos de estudo, viagens, conferências, apreciação de obras de arte e outras) e informais, quando se estende ao longo da vida, nas experiências cotidianas e em estreita ligação com o meio ambiente. Nesse sentido, a educação estética não trata de educar seguindo o conceito tradicional de estética que se refere à beleza, mas as diversas formas de sociabilidade, em vários setores da experiência e da atividade humana.

Nas interfaces existentes entre arte, psicologia e educação encontram-se a arteterapia e a psicopedagogia, que são duas áreas nas quais as autoras desenvolvem seu trabalho, tanto com alunos que apresentam necessidades educativas especiais quanto com as demais pessoas em geral, de qualquer idade, que desejem passar por um processo de desenvolvimento da criatividade, da imaginação, de distensão e equilíbrio mental.

Se a linguagem artística é uma atividade do imaginário e, como tal, manifesta-se em diversos momentos históricos, individuais e coletivos, ela contribui para conhecer melhor o ser humano e o mundo. A arte como uma atividade humana relaciona-se ao fazer, por meio do qual expressa um pensar e um agir. Pensamento, imaginação e ação que, neste caso, se manifestam através das dobraduras.

Sonia e Luiza destacam os estudos realizados por Jung sobre a simbologia da imagem. De acordo com o psiquiatra suíço, criador da psicologia analítica, a ideia de inconsciente coletivo e, sobretudo, a teoria dos complexos e arquétipos possibilitam a existência de uma obra simbólica. A teoria de Jung relativa ao papel das imagens é uma das mais profundas e, no tocante ao símbolo, bastante complexa. Contudo, este autor parte de uma profunda diferença entre signo-sintoma e símbolo-arquétipo. Se a interpretação é dada pelo autor do trabalho, o significado que se dá ao produto de um processo de realização ou criação de origami envolve a interação de formas e espaços vazios, percorrendo o todo de uma composição visual-plástica.

No primeiro capítulo, o texto apresenta a definição de origami, sua história, a importância do ensino dessa arte secular, os significados simbólicos e as instruções básicas sobre formas, conteúdos e tipos de papel para realizar as dobraduras. No segundo, as contribuições pedagógicas psicológicas e arteterapêuticas podem auxiliar os profissionais de diversas áreas no que diz respeito a possibilidades educativas e clínicas. O último capítulo ensina como se fazem algumas formas de origami, além de incluir curiosidades sobre o tema e sugestões de atividades de uma forma que estimula o desenvolvimento do aprendiz durante o processo.

Sem dúvida, este livro é uma relevante contribuição das autoras sobre as possibilidades que o origami oferece para conhecer-se melhor, auxiliar no desenvolvimento do processo imaginativo, simbólico e expressivo, favorecendo a criação e a pesquisa, em diversos níveis de conhecimento.

Além disso, é extremamente atual, pois lida com questões culturais relacionadas ao binômio Ocidente/Oriente, que abarca conhecimentos artístico-científico-espiritualistas na tentativa de ultrapassar as fronteiras e ligar saberes.

PROFA. DRA. GRACIELA ORMEZZANO

INTRODUÇÃO

A imaginação é mais importante
que o conhecimento.
Albert Einstein

Este trabalho teve início na década de 1980, quando conheci a professora Luiza Minuzzo, durante um curso que eu ministrava, sobre contos de fadas, para professores da rede pública. Nesse curso falávamos sobre a importância psicológica dos contos de fada e sua linguagem simbólica para aprendizagem. Apaixonada por origami, Luiza queria ampliar sua aplicação em sala de aula; sua intuição lhe dizia que seu trabalho poderia ir mais além. Nesse momento iniciava-se uma grande amizade.

Luiza, sempre ávida por novas dobraduras, foi se aperfeiçoado nas técnicas de origami, tornando-se uma professora de origami. Hoje ministra cursos de dobraduras para professores da rede de ensino estadual e privada.

Inicialmente este trabalho pretendia ser mais um manual de técnicas para auxiliar Luiza em suas aulas, partindo de passos simples, desenvolvendo-se em um crescente de dificuldades.

A complexidade de organização do material visou estimular o leigo em origami e o educador a brincar com o papel, conduzindo-o passo a passo na técnica como se ele estivesse conosco.

Mas não ficamos satisfeitas com o manual, o nosso trabalho estava muito além das simples técnicas apresentadas, e, portanto, deveríamos enriquecê-lo com conceitos teóricos nas áreas da pedagogia, psicologia e arteterapia, que iriam auxiliar o educador a compreender, sob um novo olhar, o processo ensino-aprendizagem.

Durante o processo de estruturação dos conceitos teóricos a história se fez presente, sentimos necessidade de pesquisar sobre a história do origami e do papel. Foi surpreendente! Por isso resolvemos colocá-la no projeto, e levamos também para a sala de aula. Ao narrar a história do papel e do origami estabelecíamos vínculos interdisciplinares, e ao mesmo tempo propiciávamos uma viagem no tempo para o aprendiz, que rapidamente estabelecia um vínculo afetivo com a aprendizagem.

Em um terceiro momento de reflexão verificamos que as dobraduras poderiam ser acompanhadas por sugestões pedagógicas, expressivas em suas implicações no desenvolvimento psicológico. Para isso criamos propostas de trabalho que acompanham as dobraduras e pontuamos alguns desenvolvimentos psicológicos possíveis.

Ainda não satisfeitas, resolvemos acrescentar curiosidades a respeito de cada dobradura. O item "Curiosidades" visa auxiliar o educador a ampliar o diálogo em sala de aula, entre educador e educando, bem como dos educandos entre si, propiciando reflexões interdisciplinares e despertando a curiosidade do educando para a pesquisa.

Orientamos que tanto as sugestões pedagógicas quanto as curiosidades sejam adaptadas às linguagens de cada idade.

Desenvolvemos este novo pensar sobre o origami e sua aplicação arte-psicopedagógica no projeto "Mil e uma artes" (2004), que pertence à Organização da Sociedade Civil de Interesse Público (Oscip) Arte Sem Barreiras. O Instituto Dom Bosco foi a instituição beneficiada. Desenvolvido com crianças (6 a 10 anos) e adolescentes (11 a 14 anos) de baixa renda, verificamos que os objetivos iniciais foram ultrapassados. A cada nova proposta a participação era mais ativa e prazerosa. Nos dias dedicados ao projeto os participantes vinham estimulados para novos desafios.

A proposta deste trabalho é ultrapassar as fronteiras de sala de aula, entrar em outros ambientes, tais como hospitais, clínicas, empresas e outros; por isso utilizamos a palavra "aprendiz".

Para compor as ilustrações, convidamos a artista plástica, arteterapeuta e origamista Solange S. Kassab.

Não temos a pretensão de exaurir as formas do origami neste trabalho, nem de aprofundar os conhecimentos teóricos pedagógicos, psicológicos e arteterapêuticos. Queremos, sim, suscitar reflexões sobre o atual processo de ensino-aprendizagem e sugerir novos caminhos interdisciplinares, que uma simples técnica de origami nos possibilita.

O nosso objetivo final é despertar a criança interior de cada um e deixar a imaginação criativa fluir como uma pipa no céu.

Capítulo 1
A ARTE DO ORIGAMI

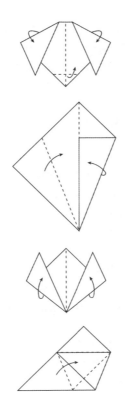

A ARTE DE ENSINAR

A arte de ensinar é sublime,
destina-se a formar o homem.
É uma ação do professor no aluno,
tornando-o diferente do que era antes.

Comenius, pai da Didática Moderna

A Pedagogia sofreu grandes perdas com a separação entre arte, ciência e religião. Essa separação, que ocorreu no século XVIII, influenciou a cultura moderna e modificou o pensar da Civilização Ocidental. Tudo que era objetivo, racional, cognitivo e quantitativo foi considerado como verdade, e o subjetivo, simbólico e imaginário como erro. Portanto o subjetivo é banido do meio científico, passando a ocupar a marginalidade do conhecimento, pertencendo somente ao campo religioso e artístico.

O resultado dessa cisão se faz presente nos dias de hoje, quando analisamos os processos de ensino e aprendizagem e verificamos que a retenção do conhecimento é mínima em relação ao que foi ensinado, transmitido durante todo o processo educacional. Para Byington (2003, p. 18), esse mínimo de retenção significa a "falência da pedagogia racional", que solicita apenas a repetição do que aprendemos e o entendimento pela lógica. Byington considera a vivência, a experiência, como fonte de aprendizado e ao mesmo tempo de desenvolvimento da personalidade. Ao desenhar, pintar, dançar, cantar, a criança o faz com profunda intensidade e emoção. Todo o seu desenvolvimento expressivo resulta das elaborações de sensações e sentimentos e percepções vivenciadas intensamente.

Byington (2003, p. 20) conclui que é necessário um novo modelo pedagógico, no qual "engloba a inter-relação sujeito-objeto" e paralelamente "aborda os preceitos morais [...] inserindo-os na busca de plenitude pela autorrealização do potencial arquetípico existencial".

Compreender o processo de desenvolvimento do conhecimento da criança é um passo fundamental para oferecer-lhe bases de aprendizagem. Conhecer o universo expressivo infantil, o porquê e como a criança realiza suas atividades, facilita a elaboração das técnicas de motivação. Segundo Ferraz e Fusari (1999, p. 56): "A criança em atividade fabuladora ou expressiva participa ativamente do processo de criação". Durante o processo de criação a energia psíquica movimenta imagens, signos, símbolos que não são detectados externamente pelo educador e na maioria das vezes ficam no campo do inconsciente, não aparecendo no trabalho final. Ferraz e Fusari (1999, pp. 60-61) destacam três pontos principais para explicar o processo imaginativo:

1. A atividade imaginativa é criadora por excelência, pois resulta da reformulação de experiências vivenciadas e da combinação de elementos do mundo real.

2. Reconhecer que a produção imaginativa tem relação com a realidade, mas é também constituída de novas elaborações entre as quais as afetivas e as sociais, o que a torna singular.

3. Considerar o resultado do processo imaginativo. Este pode se constituir em novos elementos ou imagens cristalizadas convertidas em objeto, que começa a existir realmente no mundo e a influir sobre os demais objetos.

Dentro do processo criativo e imaginativo o educando vai além do que lhe é ensinado. Não há limites para a força potencial da imaginação criadora.

Byington (2003, p. 20) propõe a "Pedagogia Simbólica Junguiana" para revitalizar os métodos educacionais, transformar o dever e a obrigação de aprender em diversão e prazer de aprender. Vincular o aprendizado ao lúdico, ao imagético, ao dramático, torná-lo atraente, divertido, fascinante e ao mesmo tempo sendo sério e profundo tanto para o professor quanto para o aluno. Byington afirma (2003, p. 30): "Um dos ensinamentos centrais da Pedagogia Simbólica Junguiana é a devolução do drama existencial ao aprendizado".

A Pedagogia Simbólica Junguiana propõe um saber iniciático, adquirido pela elaboração dos símbolos dentro dos parâmetros da Ciência Simbólica. Um saber do todo pela vivência das partes, como símbolos estruturantes. O método dessa pedagogia atribui ao educador a responsabilidade de desenvolver sua criatividade para apresentar a seus alunos os fatos a serem conhecidos como vivências, isto é, como símbolos estruturantes formadores e diferenciadores da relação Ego-Outro e Outro-Outro na Consciência.

Na Pedagogia Simbólica Junguiana, o educador é peça fundamental. Para executar este novo modelo pedagógico ele deve se transformar, descobrir seu potencial criativo, libertar-se das amarras convencionais da objetividade. Quando o educador descobre a aplicabilidade do conteúdo que transmite em sua vida e na vida do educando, ele promove o encontro com o saber. Ao associar o subjetivo ao objetivo criativamente ele permite a vivência e a experiência da aprendizagem com suas emoções, símbolos e desafios.

Segundo Byington (2003, p. 23): "Aprender simbolicamente as coisas é saber para que servem [...] o saber simbólico enraíza o Ego, o Outro e sua inter-relação no Cosmo pela elaboração simbólica arquetípica das coisas percebidas como vivências". Ao trabalhar com o imaginário, a criança exercita o desenvolvimento afetivo, perceptivo e intelectual, que resulta no conhecimento da realidade.

A pedagogia tradicional foi despojada da "sacralidade" do saber. Não há mistério para se adquirir o saber, e sim a obrigatoriedade de adquiri-lo. O conhecimento, saber profano, literal e cotidiano, não é sentido emocionalmente como parte do Cosmo. A pedagogia tradicional transformou o educando em ser passivo na aquisição de seu conhecimento, destituindo-o do processo iniciático. Como ser passivo o educando torna-se um receptáculo no qual se deposita o conhecimento. Dessa forma a aprendizagem deixa de ser divina.

O modelo proposto por Byington, a Pedagogia Simbólica Junguiana, é voltado para a formação simbólica do Ego, e com a polaridade passivo-ativo. "Num primeiro momento, o Ego relaciona-se com o Outro na posição passiva para, no momento seguinte, adotar a posição ativa na elaboração e integração dos significados do símbolo em questão" (BYINGTON, 2003, p. 25). O educando sai de sua passividade e torna-se ativo, interage com o conteúdo recebido e imediatamente o assimila e o transforma. Quando o educador tem a visão de um educando participativo, o processo ensino-aprendizagem torna-se dinâmico e criativo, tanto para o educador quanto para o educando. Ou seja, o conteúdo pode ser o mesmo, mas a dinâmica de ensino e aprendizagem é nova para ambos, isso porque cada educando contribui de forma única e criativa.

HISTÓRIA DO PAPEL

Com o desenvolvimento tecnológico avançamos para um futuro inédito e ao mesmo tempo voltamos a um passado distante. E cada vez mais se descobre como nossos antepassados viveram e registraram as suas emoções, medos, descobertas e conquistas. As descobertas sobre o passado formam a linha histórica da evolução humana. Ao se localizar nessa linha, o ser humano descobre a sua participação na evolução, no cosmo, se autovalorizando enquanto ser único e participativo de algo maior, universal.

As descobertas arqueológicas auxiliam na formação da linha do tempo e esclarecem como viviam nossos antepassados. Lucy é um fóssil de hominídeo que existiu há aproximadamente 4 milhões de anos. Com um metro de altura, caminhava de forma ereta e tinha os polegares adaptados para segurar objetos. Os nossos ancestrais viviam em bandos nômades, moravam em cavernas ou mesmo ao relento. Toda a experiência acumulada ao longo da vida se perdia quando morriam, pois não havia registro gráfico do pensamento e dos fatos.

Há pouco menos de 10 mil anos, as primeiras formas de escrita começaram a ser desenvolvidas. Tornou-se então possível registrar as experiências e passá-las aos descendentes, fazendo assim com que o conhecimento não se perdesse, mas se acumulasse de geração em geração. As cenas de caça desenhadas nas paredes das cavernas onde o homem primitivo se abrigava são exemplos dessas memórias. Das paredes das cavernas ao atual papel industrializado, percorreu-se um longo caminho no registro das experiências da humanidade.

Antes da descoberta da técnica de fabricar papel utilizavam-se suportes curiosos para o registro por meio da escrita. Na Índia, por exemplo, usavam-se folhas de palmeiras; os esquimós utilizavam ossos de baleia e dentes de foca; na China, conchas, carapaças de tartaruga, bambu e posteriormente a seda serviram de suporte.

Com o registro de informações por meio da escrita a humanidade socializou o conhecimento. E nestes últimos 10 mil anos progrediu muito mais do que nos 4 milhões de anos passados na escuridão da ignorância.

Mas esse progresso não se deve somente à escrita, mas à descoberta do papel. Papel, uma simples invenção que mudou o mundo para muito melhor. Da invenção da escrita ao livro, receptáculo de todo o conhecimento humano, feito de papel, material que não se quebra, pouco pesa e é agradável aos olhos e ao manuseio.

Conhecer um pouco da história do papel no Egito, na China, no Japão, no mundo e no Brasil (<http://www.como-fazerpapel.com.br/historia.html>) é conhecer a evolução da humanidade e da tecnologia, ao mesmo tempo conduzindo à reflexão e ao respeito pelo papel, este amigo tão utilizado e pouco conhecido.

Egito

A história do Egito foi preservada e transmitida pelos rolos de papiro encontrados nos túmulos dos nobres e faraós. Foram os egípcios que, por volta de 2200 a.C., inventaram o papiro, espécie de pergaminho e antepassado do papel.

Papiro é uma planta aquática existente no delta do rio Nilo. Seu talo em forma piramidal chega a ter de cinco a seis metros de comprimento. Essa planta era considerada sagrada porque sua flor, formada por finas hastes verdes, lembra os raios do Sol, divindade máxima desse povo. O miolo do talo era transformado em papiros, e a casca, bem resistente depois de seca, utilizada na confecção de cestos, camas e até barcos.

Para se fazer o papiro, corta-se o miolo do talo – que é esbranquiçado e poroso – em finas lâminas. Depois de secas em um pano, são mergulhadas em água com vinagre, na qual permanecem por seis dias para eliminar o açúcar. Novamente secas, as lâminas são dispostas em fileiras horizontais e verticais, umas sobre as outras. Esse material é colocado entre dois pedaços de tecido de algodão e vai para uma prensa por seis dias. Com o peso, as finas lâminas se misturam e formam um pedaço de papel amarelado, pronto para ser usado.

Os egípcios, que abasteciam o mundo com papiro, tinham em sua fabricação grande fonte de renda. O papiro era valorizado entre os romanos que o chamavam "papel augusto". A palavra "papel" deriva da palavra egípcia *cyperus papyrus*, que significa "o real".

O papiro era considerado importante instrumento de escrita naquela época, como são os aparelhos de comunicação hoje em dia.

China

O papel propriamente dito foi inventado na China, no século II, na província de Hunan, por T'sai Lun (?-125), dos Han do Este (25-220 d.C.). Em busca de um novo material para substituir a seda, para executar os registros escritos, T'sai Lun desenvolveu o processo de maceração de cascas de árvores e restos de tecidos de algodão, cânhamo e redes de pesca rasgadas, dando origem ao papel. Em sua concepção original o papel substituiu a seda para receber a escrita, para guardar as informações. Possivelmente, o origami surgiu logo após a descoberta do papel.

Entre os chineses o papel era conhecido como "papel T'sai Lun".

Essa incrível técnica foi mantida em segredo durante séculos, aparecendo na Europa apenas dez séculos após sua invenção. A partir de então, o papel começou a substituir o bambu, a madeira e a seda. Nos séculos seguintes, os processos tecnológicos e os equipamentos para a produção de papel desenvolveram-se com mais rapidez. O papel e os métodos de fabricação deste material foram primeiramente introduzidos no Vietnã e na Coreia; da Coreia foi para o Japão. Os países árabes aprenderam com a China a produzir papel nos meados do século VIII, e dali a técnica expandiu para a Europa e o resto do mundo.

Japão

O *Washi*, ou papel japonês, teve grande desenvolvimento nas aldeias japonesas, sendo até os dias de hoje exportado para o mundo. Os idosos que ainda fabricam papel são considerados tesouros vivos do Império.

No Japão de hoje, como no de antigamente, fazer papel a mão é uma fonte de renda, fora da estação do cultivo de arroz, dos pequenos fazendeiros que vivem em aldeias montanhosas, onde há pouca terra, mas uma abundância de água limpa nos riachos. Quando o fim do ano chega e a colheita do arroz acaba, esses fazendeiros invariavelmente se ocupam com a feitura de papel. Em certo sentido, o trabalho é hereditário, sendo desempenhado em uma pequena escala, em casa, pelos membros capazes de cada família. Os métodos empregados são antiquíssimos e têm sido transmitidos através de gerações sucessivas com pequenas mudanças.

A estação para fazer papel difere de acordo com as localidades nas quais ele é feito. Geralmente começa no fim de novembro ou início de dezembro e termina em abril ou maio do ano seguinte. Nessa época do ano os fazendeiros que fazem papel como trabalho paralelo encontram-se muito ocupados, pois têm muito que fazer no transplante de mudas de arroz e na criação do bicho-da-seda.

Confeccionados a mão ou a máquina, muitos papéis japoneses usam fibras vegetais como matéria-prima. Entre essas fibras o *gampi*, o *kozo* e o *mitsumata* constituem o trio principal de materiais. O papel de *gampi* é considerado nobre; o de *kozo*, forte; e o de *mitsumata*, delicado. Para fazer papel japonês é comum usar um material mucilaginoso vegetal que é comumente chamado *neri*. Há vários tipos de *neri*. O mais comum é o *tororo*, uma substância proveniente das raízes do crescimento do primeiro ano da planta *tororo*, que é um tipo de malvácea. Uma das funções do *tororo* é fazer com que as fibras flutuem uniformemente na água. Outra função é retardar a velocidade de drenagem, resultando assim uma folha de papel mais bem formada.

No mundo

Longo foi o trajeto do papel no mundo. Em 1765 o cientista Jacob Schäffer pesquisou ninhos de vespas, chegando à conclusão de que eram feitos de fibras de celulose. Essa descoberta propiciou o início das indústrias papeleiras a partir de troncos de árvores.

O papel tem sua história ligada a legítimos e nobres ascendentes. Além das placas de argila, ossos, metais, pedras, peles, o homem escreveu, desenhou e pintou em papiro, sobre o líber e logo a seguir em pergaminho.

O mais antigo papiro já encontrado data por volta de 2200 a.C., e pertence ao Museu Britânico. O papiro foi suporte de escrita de uso corrente até os primeiros séculos da era Cristã, em toda a Europa, regiões asiáticas, e, naturalmente, na África, de onde se originou.

O pergaminho tornou-se o principal suporte de escrita durante quase toda a Idade Média. Havia ainda o palimpsesto, cuja palavra designa o pergaminho já usado e reaproveitado. O fenômeno do reaproveitamento do papiro repetia-se, assim, com relação aos pergaminhos.

Com a introdução do papel na Europa, os outros suportes de escrita e desenho desapareceram, restando a lembrança do papiro na palavra "papel", *paper*, *papier*. Foi longa e lenta a rota do papel, desde sua invenção, em 105 d.C., por T'sai Lun.

O papel só conseguiu atingir a Europa dez séculos mais tarde, por caminhos tortuosos e difíceis. Os árabes o produziam, comercializavam-no e o transportavam da Ásia pelo norte da África; de Alexandria, Trípoli e Tunísia, faziam-no chegar à Espanha, e em seguida à França.

Outros países que produzem papel artesanal de maneira rudimentar são Índia, Paquistão, Nepal, Tibete etc.

Com a descoberta da América, encontrou-se um papel semelhante ao papiro produzido pelos maias e pelos astecas, chamado *Amatl*. O seu processo de feitura difere do papiro. Fabricado ainda hoje na cidade de San Pablito, no México, o *Amatl* constitui uma fonte de renda para seu povo.

O *Líber*, palavra latina, é a entrecasca de árvore usada para fazer papel. Daí a origem da palavra "livro". Era usual escrever em folhas de plantas na China, daí a origem da expressão "folha de papel". A palavra grega *Biblos* era a designação feita a várias folhas escritas sobre papiro, originando assim a palavra "bíblia".

Brasil

A primeira fábrica de papel no Brasil, surgida entre 1809 e 1810 no Andaraí Pequeno (RJ), foi construída por Henrique Nunes Cardoso e Joaquim José da Silva, industriais portugueses transferidos para o Brasil. Essa fábrica pretendia trabalhar com fibra vegetal. Outra fábrica aparece no Rio de Janeiro em 1837, montada por André Gaillard. Logo em seguida, em 1841, tem início a de Zeferino Ferraz, instalada na freguesia do Engenho Velho.

O português Moreira de Sá proclama a precedência da descoberta do papel de pasta de madeira como estudo de seu laboratório e produto de sua fábrica num soneto de sua autoria, dedicado aos príncipes D. João e Dona Carlota Joaquina, impresso na primeira amostra assim fabricada. Assim diz um dos tercetos:

> A química e os desejos trabalharam
> não debalde, senhor, que o fruto é este,
> outras nações a tanto não chegaram.

A vinda de Moreira de Sá ao Brasil coincide com as experiências de Frei Velozo, em 1809, quando produziu o papel de embira e experimentou seu fabrico com outras plantas.

Atualmente, a fabricação da maior parte dos papéis (cerca de 95%) é feita a partir do tronco de árvores cultivadas. As partes menores, como ramos e folhas, não são aproveitadas, embora as folhas e os galhos possam também ser utilizados no processo. No Brasil o eucalipto é a espécie mais utilizada, por seu rápido crescimento, atingindo em torno de trinta metros de altura em sete anos.

HISTÓRIA DO ORIGAMI

Origami é a arte milenar japonesa de dobradura de papel.

A palavra "origami" é composta por duas palavras: *ori* (dobrar) e *kami* (papel).

Um simples pedaço de papel pode transformar-se em várias figuras: animais, flores, objetos utilitários, figuras geométricas e decorativas.

A arte das dobraduras foi transmitida de geração a geração entre os japoneses, desenvolvendo-se de forma cativante. Os japoneses transmitiam oralmente as técnicas das figuras que criavam, dentro da tradição familiar, de pais para filhos. Nesse período não havia a preocupação de registros em livros; das formas criadas, portanto, somente as dobraduras mais simples foram mantidas. Não se sabe quem foi o criador de diversos origamis, pois muitos deles foram passados por várias pessoas até chegar à forma que conhecemos atualmente. Isso ocorreu com a criação do *orizuru*, e acredita-se que esta era a essência do origami: a união de várias pessoas para a criação. Pode-se dizer que esses origamis são uma das heranças peculiares mais antigas do país.

Entre os séculos VI e X, por meio dos monges budistas chineses, a técnica de fabricar o papel foi introduzida no Japão. Inicialmente era acessível somente à nobreza, por ser considerado um produto de luxo. Seu uso limitava-se às festas religiosas. Seu emprego de caráter simbólico era praticado nos rituais de cerimônias xintoístas e na confecção dos moldes dos quimonos.

De posse da técnica de fabricação do papel, o Japão desenvolveu e aprimorou a sua textura, tornando-o mais fino e maleável. Com os custos reduzidos, o papel ficou acessível à população japonesa, que então aprimorou a arte secular do origami.

No século VI, quando o Estado e a religião eram um só, *Seisei itchi*, o origami representava a natureza das cerimônias religiosas. Talvez a sua prática tivesse a intenção de registrar essas cerimônias. Os praticantes deste origami misturavam sua técnica com a do *kirigami*, que é a arte de formar figuras por meio de recortes, dando origem ao *kirikomiorigami*. Esses origamis eram confeccionados utilizando-se papéis manufaturados especialmente para o uso dos sacerdotes xintoístas. Inicialmente o papel era recortado em quadrados ou retângulos em forma de raio, dobrado em formato de tempo, ou de *nusa* ou *shide*, objetos utilizados nas cerimônias.

Com o método *kirikomiorigami*, confeccionavam os *katashiros* utilizados em *harai*, bonecos de papel para o festival das bonecas, *hinamatsuri*.

"Os *katashiros* são, ainda hoje, colocados nos templos xintoístas no lugar da divindade, tomando a sua forma. O mais antigo *katashiro* de origami se encontra no Ise Jingu, província de Mie, portanto se diz que a história do origami é tão antiga quanto a história do Japão" (KANEGAE, 1988).

Para os japoneses o papel de presente deveria ser branco, a cor sagrada. Como era impossível inicialmente obter a pureza do branco, criou-se uma dobradura significando este branco sagrado: o *noshi*. O *noshi* tornou-se um origami tradicional, colocado sobre os pacotes de presentes como símbolo do desejo de fortuna para a pessoa presenteada.

Na Era Hejan (794-1192) o origami deixa de ser formal e passa a ser recreativo, como atualmente é conhecido, evoluindo para formas de garças, barcos e bonecas.

> [...] Segundo um pesquisador conceituado das origens do origami, professor Massao Okamura, de 65 anos, o origami teve início no século XVII pelos samurais. Foram eles que deram os primeiros passos para o formato do origami atual. E o interessante é que, ao contrário dos dias de hoje, em que o origami é visto como uma atividade infantil, até meados do início do século XIX, era considerado como um passatempo divertido e interessante restrito aos adultos, principalmente devido ao valor muito caro da matéria-prima.
>
> A partir da fabricação do papel no Japão, a população japonesa passa a conhecer e aprimorar o origami, transmitindo-o de pai para filho.

Durante a Era Edo (1590-1868), o origami passa a ser praticado principalmente pelas mulheres e crianças, independente da classe social.

Até o final dessa era, foram criados aproximadamente setenta tipos de origami, tais como o *tsuru* (conhecido também como cegonha e grou), sapo, íris, lírio, navio, cesta, balão, homem etc. Estes receberam a denominação de origami, origaka, orisue, tatami-gami etc.

Na Era Meiji (1868-1912) o origami voltou a ser ensinado nas escolas, após sofrer grandes influências do método de origami alemão. Isso porque o origami floresceu no Japão assim como em outros países, a exemplo da Espanha, onde os primeiros origamis foram introduzidos pelos mouros, no século VIII.

O origami de origem ocidental apresentava as formas geométricas como característica predominante, enquanto as do Japão sempre foram mais figurativas, ou seja, imitando formas de animais, pessoas, flores etc. Por esse motivo em uma determinada época o origami foi bastante criticado, pois acreditava-se que era uma arte imitativa; só com o tempo provou-se o contrário.

Há um registro de que no século XVIII um grupo de japoneses se apresentou em Paris, demonstrando vários modelos de origami, como o tradicional *tsuru*. Como fruto desse intercâmbio, em 1886, surgiu na literatura inglesa o origami de um pássaro voando.

Enquanto o intercâmbio internacional tornava o origami conhecido em todo o mundo, após a Primeira Guerra Mundial as aulas de origami foram eliminadas das escolas japonesas, alegando-se que eram consideradas não didáticas para o sistema educacional. Esse tema ainda vem sendo discutido, já que depois dessa retirada o origami se tornou restrito às crianças e ambientes familiares (<http://www.iej.uem.br/hist_origami.htm>).

Em 1797, com a publicação do *Senbazuru Orikata* (*Como dobrar mil garças*), surgiram as primeiras instruções escritas, que, desde 1876, passaram a fazer parte do currículo escolar do Japão.

No século XIV, a técnica de fabricação de papel chegou à Europa. O papel era grosso e frágil, dificultando as dobras, quebrando com facilidade. O seu custo altíssimo de fabricação também serviu de obstáculo para a não popularização do origami.

No século XVI, a arte das dobraduras em papel desenvolveu-se na Europa, mas sem o sentido religioso. Na Universidade de Pádua, era costume dos estudantes deixar para seus professores um cartão com seu nome, dobrado de forma a expressar sentimentos de intenção.

Os árabes levaram o segredo da fabricação do papel para o norte da África e os mouros, para a Espanha. A religião dos mouros proibia a criação de qualquer figura simbólica. As dobraduras em papel eram utilizadas apenas para estudar a geometria presente nas formas e nas dobras. Com a expulsão dos mouros da Europa, os espanhóis foram além dos desenhos geométricos e desenvolveram a *papiroflexia*, uma arte popular que perdura até hoje na Espanha e na Argentina.

Portanto, hoje está muito longe de ser uma arte exclusiva ou principalmente japonesa. Há adeptos em todo o mundo, e inclusive dobraduras tradicionais do ocidente. A arte das dobraduras ultrapassou as fronteiras dos continentes. Hoje faz parte da cultura mundial, ganhou inúmeros adeptos, associações e grupos de estudos e pesquisas.

SIGNIFICADOS SIMBÓLICOS

Todas as culturas possuem símbolos e formas de expressão específicas. A humanidade vive em um mundo de símbolos ao mesmo tempo que outro mundo de símbolos vive dentro de cada um de nós. A imaginação, atualmente, é estimulada, já não é mais desprezada e há muito deixou de ser considerada a "louca da casa", como afirmava o filósofo metafísico francês Nicolas de Malebranche, do século XVII. A partir do século XVIII a imaginação e a razão passaram a caminhar juntas. E desde então a imaginação é considerada como fonte inspiradora das descobertas e do progresso, é respeitada e estimulada na formação das crianças.

O desenvolvimento da imaginação está ligado ao lúdico, ao prazer, à criatividade e aos símbolos. "Os símbolos estão no centro, constituem o cerne da vida imaginativa [...] conduzem às mais recônditas molas da ação, abrem o espírito para o desconhecido e o infinito" (CHEVALIER E GHEERBRANT, 1998, p. XII). A imaginação utiliza o símbolo para expressar conteúdos profundos da psique.

A necessidade é a mãe da criatividade. Quando se sente necessidade de algo, a motivação é acionada e parte em busca da satisfação, de suprir a necessidade. Às vezes a busca está na compreensão dos fenômenos naturais, ou nos filosóficos, ou ainda para amenizar o trabalho da humanidade, como se deu com a invenção da roda, das tecnologias. Enfim o ser humano sente uma profunda necessidade de criar e recriar. A invenção do papel não foi diferente. Os chineses por volta do ano 105 d.C. sentiram a necessidade de criar "algo" para substituir a seda, que era utilizada como suporte para a escrita.

O momento da concepção do papel é profundamente marcado por conteúdos simbólicos. Em sua concepção original o papel substitui a seda para receber a escrita, para guardar informações. A palavra "papel" deriva da palavra grega *papyros*, que significa "o real". E *papyros* é um equivalente do livro, Líber Mundi, símbolo do universo. O Líber Mundi é ao mesmo tempo a mensagem divina, o arquétipo de todos os livros, e também a manifestação emanada de seu princípio, a inteligência cósmica.

A dobradura surgiu logo após o papel. Papel e dobradura, vincados para sempre. Portador de imagens, ele é o substituto frágil da realidade.

Segundo Chevalier e Gheerbrant (1998, p. 344):

> *Goheï* é a pronúncia japonesa do caractere chinês e *mitegura* é palavra propriamente japonesa que designa as dobraduras esotéricas do papel. Essas dobraduras rituais, talvez mágicas, são ao mesmo tempo uma oferenda simbólica e o signo da presença do Kami (divindade) no santuário.

Para cada treinamento espiritual existe uma forma e um significado simbólico e esotérico; ao todo são vinte formas de dobrar o papel. Essas dobraduras são colocadas ao lado dos templos, formando verdadeiras montanhas, que lembram as velas acesas dos santuários cristãos.

O origami foi inicialmente utilizado nos rituais das cerimônias xintoístas, no qual se envolviam as oferendas, *noshis*, em papel, para separar o puro do impuro. Portanto, o papel com dobras específicas é utilizado para separar o puro do impuro. O papel com determinadas dobras possui significados simbólicos.

Ao serem utilizados em funerais, sob o formato de objetos, eram queimados para que o espírito realizasse seus desejos em outras vidas. Em rito matrimonial, cédulas imitando dinheiro são colocadas em envelopes feitos de origami e queimados para trazer prosperidade ao casal. As garrafas de saquê eram envolvidas por dobraduras de mariposas, simbolizando os noivos.

Segundo Chevalier e Gheerbrant (1998, p. 684), as tiras de papel dobradas desempenham um papel simbólico e é um ritual importante no Xintó: o *goheï,* do qual existem vinte variações com significados diferentes, é ao mesmo tempo oferenda e signo da presença real de *Kami* no templo. Dobras parecidas com aquelas dos *goheï* simbolizam os quatro *mitama*, que são os quatro aspectos tradicionais da alma, da parte intemporal do ser.

Semelhante a outras culturas, algumas formas de animais têm significado simbólico: o sapo representa amor e fertilidade; a tartaruga a longevidade; o *tsuru* ou cegonha, considerado o símbolo do origami, significa boa sorte, felicidade e saúde.

Com a redução dos custos de fabricação, as classes mais populares tiveram acesso a essa prática. Assim as técnicas do origami foram disseminadas, ocorrendo também a dessacralização do origami.

As dobras origami utilizadas foram evoluindo e tornando-se cada vez mais sofisticadas e atraentes, deixando de ser um meio para converter-se num fim. Com a diversidade das dobras, surgiu a necessidade de regras básicas, respeitadas por todos que dobravam.

TSURU: O SÍMBOLO DO ORIGAMI

O pássaro *tsuru*, ou grou, ou garça real, ou cegonha, é uma ave com plumagem alva, que tem em suas extremidades um tom avermelhado. Simbolicamente é uma ave de bom agouro, de boa sorte e saúde. Traz em si o significado simbólico da piedade filial, ou seja, alimentará seu pai quando este estiver velho. É uma ave migradora, está sempre presente quando a natureza acorda. Em certas regiões acreditava-se que ela trazia os bebês no bico. No Japão é o símbolo da imortalidade. A ela se atribui a faculdade de alcançar idades fabulosas, podendo viver até mil anos. Diz a lenda que quem fizer mil *tsurus*, com o pensamento voltado para aquilo que deseja alcançar, terá bons resultados.

O *tsuru* é considerado na Ásia o pássaro mais velho da Terra. Eram os pássaros companheiros dos eremitas que faziam meditação nas montanhas, os quais acreditavam que essa ave possuía poderes sobrenaturais para não envelhecer. A ela atribuíam a simbologia da mocidade eterna e da felicidade.

Os pássaros, em muitas culturas, são considerados os mensageiros entre o céu e a terra. A leveza do pássaro significa a liberação do peso terrestre. O mito da fênix, pássaro de fogo, cor de púrpura, que possui a força vital, é a mais antiga crença nas almas-pássaros.

Nos textos védicos o pássaro era tido como um símbolo da amizade dos deuses para com os homens. O mito narra que o pássaro vai até o cume de uma montanha buscar soma, a ambrosia, para dá-la aos homens. Narra a mitologia grega que a ambrosia, o manjar dos deuses do Olimpo, era um doce com divinal sabor, proibido aos mortais, mas quem o comesse ganharia a imortalidade. Os poucos mortais que o saborearam sentiram uma sensação de extrema felicidade. O nome "Ambrósio", que vem da mesma raiz, significa divino e imortal.

É costume no Japão dar de presente papéis especiais para dobradura aos doentes acamados, na esperança de que quanto mais origamis de *tsuru* o acamado fizer mais rápido se recuperará de sua enfermidade.

No Japão, todos os anos, no dia 6 de agosto, inúmeros *tsurus* são depositados no mausoléu erigido em homenagem aos que morreram na tragédia atômica de Hiroshima, com a intenção de que isso jamais venha a se repetir.

TIPOS DE PAPEL

As dobraduras poderão ser feitas com diversos tipos de papel. Entre os mais usados, destacam-se os que possuem uma face branca e outra colorida, facilitando a visualização da dobra executada.

A escolha adequada do papel é muito importante para a visualização final da dobradura. É de suma importância que o aprendiz desde a mais tenra idade conheça os diferentes tipos de papel; portanto o educador deve mostrar e possibilitar o manuseio dos papéis.

A exploração e o manuseio dos papéis geram risos, diálogos e inter-relações; são momentos de descontração e alegria. A liberdade desse momento é preciosa. Brincar com os sons produzidos pelos papéis descontrai e libera a imaginação criativa.

Papel sulfite

Este papel dá ótima sustentação às dobraduras. Permite ser colorido antes ou após o término da dobradura. Ao colorir um dos lados com giz de cera, lápis de cor ou tinta, o sujeito trabalha as áreas cognitivas e afetivas. Esse passo também é muito importante para o desenvolvimento psicomotor e para estabelecer vínculos com o material em mãos. O professor poderá observar o cuidado na escolha das cores e sua aplicação no papel. O efeito final sempre é surpreendente, tornando os trabalhos personalizados.

Papel para dobradura

Conhecido como papel espelho, papel lustre, papel gessado. É encontrado em diversas cores, possui duas faces, uma branca e outra colorida; fácil de manusear, dá mais realce às dobraduras. Serve para todos os tamanhos de dobraduras.

Papel laminado

É encontrado em diversas cores, inclusive o dourado e o prateado, com brilho muito bonito; dá um efeito muito especial às dobraduras. Este papel requer um cuidado especial, pois ao ser trabalhado as dobras ficam marcadas com facilidade. Mas o resultado final é lindíssimo.

Papel camurça

Possui duas faces, uma branca e outra colorida, com textura aveludada. Sua maleabilidade permite dobrar com facilidade.

Papel Kraft

Não possui variedades de cores; a mais comum é a cor bege. Possui vários tamanhos facilitando a execução de dobraduras grandes.

Papel vegetal

Por ser ligeiramente transparente, dá leveza e suavidade às dobraduras. Este papel também necessita de cuidado especial, pois, ao ser trabalhado, as dobras ficam marcadas com facilidade.

Papel manilha

Mais conhecido como papel de embrulho. Com pouca variedade de cores, é encontrado em rosa, amarelo e branco.

Papéis diversos

Aqui estão incluídos os papéis considerados sucatas, como revistas, jornais, papéis usados de impressora etc, permitindo assim a prática do origami por todos, com muito sucesso. Podem ser pintados antes ou após o término da dobradura.

INSTRUÇÕES BÁSICAS

É muito importante seguir a sequência do desenvolvimento do origami na ordem aqui apresentada, pois a dificuldade é crescente a cada peça. Observar com muita atenção passo a passo, para não comprometer o produto final. Escolher adequadamente o tipo de papel e o tamanho. Sugerimos que o professor utilize 30 x 30 cm, para facilitar a visualização da criança em sala de aula.

FORMAS GEOMÉTRICAS

O origami tem suas regras: folha de papel na forma quadrada, sem cortes. Mas não são regras absolutas, uma vez que há inúmeras dobraduras fora desse esquema, com formatos de papel triangular, retangular, pentagonal etc., que trazem simplicidade e desafio à criação de modelos.

A partir da forma inicial do papel, o quadrangular, o triangular ou o retangular, podem-se trabalhar os conceitos geométricos. Ao incentivar o aprendiz a observar a forma que está na mão do professor, a identificar quantos lados e ângulos ela tem, e, ao dobrar ao meio, por exemplo, qual forma resultou, facilita-se a compreensão dos conceitos verbalizados.

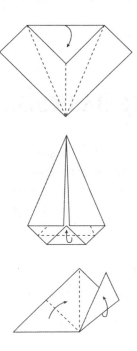

Capítulo 2
CONTRIBUIÇÕES PEDAGÓGICAS, PSICOLÓGICAS E ARTETERAPÊUTICAS

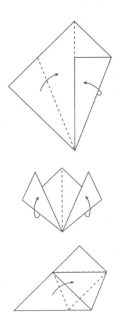

CONTRIBUIÇÕES PEDAGÓGICAS

Quando recebemos um ensinamento
devemos recebê-lo como um valioso presente
e não como uma dura tarefa.
Eis aqui a diferença que transcende.

Albert Einstein

As sugestões didáticas compreendem vários níveis de participação. A atividade de dobrar, vincar, desdobrar e dobrar novamente, e finalmente dar forma ao papel, coloca o aprendiz no processo de realização de suas potencialidades criativas.

O origami desempenha um papel muito importante no desenvolvimento intelectual e cognitivo da criança. Em muitos países faz parte da grade extracurricular ou curricular pedagógica.

Cada vez mais o origami faz parte da ação educativa no Brasil, dos recursos que possibilitam a interdisciplinaridade dentro do currículo escolar. Através de sua prática o educador estimula outras atividades, tais como desenhar, pintar, recortar, colar, dramatizar, criar história e canções, estimular a imaginação criativa, ampliar o vocabulário etc. Paralelamente possibilita a compreensão dos conceitos de formas geométricas e matemáticas, integração com a natureza e compreensão da biologia.

Os trabalhos de Vygotsky (1991) contribuíram para alertar os educadores sobre a precocidade da percepção de objetos reais com suas formas e significados, que desde a mais tenra idade fazem parte do universo infantil. Portanto, o sujeito à sua frente não é uma tábula rasa, pois possui informações conscientes e inconscientes que formam o seu universo imaginário. A dinâmica mental está ativa para novas conexões, as quais não estão ao alcance do educador.

Segundo Osborn (1987, p. 3), de um ponto de vista funcional as nossas habilidades mentais podem classificar-se, de forma simplificada, em:

1) Absortiva: habilidade de observar e de aplicar a atenção;

2) Retentiva: habilidade da memória em gravar e lembrar;

3) Raciocinativa: habilidade de analisar e julgar;

4) Criadora: habilidade de visualizar (ver mentalmente), prever e gerar ideia.

Durante o processo de aprendizagem do origami o indivíduo passa pelas três primeiras fases. Inicialmente a fase absortiva é muito solicitada; a observação e atenção são de suma importância para que a segunda fase, a retentiva, se realize, a fim de reproduzir o modelo ensinado. A fase raciocinativa traz a habilidade de analisar e julgar. Nessa fase o indivíduo aplica em seu produto a autoavaliação, se está ou não semelhante ao modelo, e ao mesmo tempo julga a sua estética. Geralmente, nessa fase se encerra o processo de aprendizagem do origami.

A nossa proposta engloba a fase criadora, a partir da reprodução da dobradura, buscando estimular a criatividade e deixar a imaginação lançar-se ao desconhecido e ao mesmo tempo desencadear o processo interdisciplinar. Em um passo mais avançado de origami, tentamos estimular a criação de novas formas.

Segundo Aschenbach, Fazenda e Elias (1990, p. 16):

> Uma dobradura, por si só, constitui um objeto estático, que quando pronto poderá no máximo produzir satisfação imediata na criança pelo fato de que ela o construiu. Para que a arte da dobradura possa desencadear um processo interdisciplinar, é necessário que o educador já tenha adquirido em sua vida profissional uma proposta de conhecimento interdisciplinar, que ele consiga perceber as infinitas possibilidades que poderão ser exploradas a partir desse trabalho, aprendendo a ver neste algo além de linhas e ângulos e percebendo as múltiplas significações de suas formas e a grande variedade de ação ou movimento potencial que existe no objeto-dobradura.

Para que a dobradura não se torne um objeto estático, sugerimos atividades complementares, que envolvem música, criação literária, expressão plástica, de sons e movimentos.

O contato com o origami desde a pré-escola propicia aquisição e interiorização de conceitos como fração, dimensão, proporção e forma. Ao observar como se faz, e fazer a dobradura, a criança começa a perceber as coisas, a natureza e os objetos à sua volta. Ao mesmo tempo desenvolve a autodisciplina, concentração, memória, raciocínio lógico, psicomotricidade fina, imaginação e a criatividade.

Para Vygotsky (1991, p. 76), "a criança se conscientiza das diferenças mais cedo do que das semelhanças, não porque as diferenças levam a um mau funcionamento, mas porque a percepção da semelhança exige uma estrutura de generalização e de conceitualização mais avançada do que a consciência da dessemelhança". Portanto é mágico e divertido transformar um quadrado em um triângulo e dele tirar outra forma.

A cada passo a criança tem mais consciência de que um trabalho executado com cuidado e atenção tem sempre resultado positivo e satisfatório. Nos momentos de concentração para seguir os passos e construir a forma solicitada, o cérebro é estimulado e busca harmonia, beleza, desenvolvendo a sensibilidade artística, estabelecendo padrões estéticos.

Também torna-se consciente a sua capacidade de vencer obstáculos e dificuldades, ampliando o universo imaginário. O desejo de aprender uma nova forma desencadeia a motivação intrínseca, estimulando a busca por novas dobraduras cada vez mais difíceis.

Vygotsky (1991, p. 17) ressalta a importância de se desenvolver a imaginação, "criar novos graus de combinações, mesclando primeiramente elementos reais [...] combinando depois imagens da fantasia [...] e assim sucessivamente". Esse jogo de criar novas combinações ultrapassa os limites da palavra e da consciência, liberando o material armazenado no inconsciente. Ao jogar com as imagens da fantasia exercita-se e amplia a habilidade de julgar, formular e reformular significados.

Ferraz e Fusari (1999, pp. 60-61) destacam três pontos principais para explicar o processo imaginativo:

1) A atividade imaginativa é criadora por excelência, pois resulta da reformulação de experiências vivenciadas e da combinação de elementos do mundo real.

2) Reconhecer que a produção imaginativa tem relação com a realidade, mas é também constituída de novas elaborações, entre as quais as afetivas e as sociais, o que a torna singular.

3) Considerar o resultado do processo imaginativo. Este pode se constituir em novos elementos ou imagens cristalizadas convertidas em objeto, que começa a existir realmente no mundo e a influir sobre os demais objetos.

O origami é aconselhável para todas as idades, em processo de aprendizagem ou não. Para o adulto, a princípio é um passatempo fascinante e relaxante. Ao liberar a própria criatividade, ele poderá criar e recriar modelos, buscar soluções inéditas para algumas formas.

Na área da saúde o origami ultrapassa as suas fronteiras, pois ao ser executado favorece o equilíbrio e a harmonia mental. O resultado final enaltece a autoestima, estimula o riso e a alegria. A sensação de competência e realização domina o corpo, a mente e a alma. Pensamos que seja por isso que os japoneses presenteiam os doentes com papel para dobradura.

CONTRIBUIÇÕES PSICOLÓGICAS

O ser humano por natureza é criativo, essencialmente dinâmico e produtivo, e não meramente receptivo. Quando estimulado, adequadamente, desde a infância, o indivíduo terá facilidades para criar, recriar e transformar ao longo da vida.

A manipulação da folha de papel, como amassar, desamassar, torcer, enrolar, rasgar, picar, dobrar etc., quando realizada de maneira descontraída, como se fosse uma brincadeira de "faz-de-conta", contribui para o desenvolvimento sensório-motor da criança e do ser humano em qualquer fase da vida, e ao mesmo tempo facilita o conhecimento do próprio corpo. Todo trabalho desenvolvido com o corpo da criança é muito importante como preparação para a aprendizagem, não somente da dobradura. Associar corpo e saber nesse momento da manipulação do papel, deixar fluir livremente as verbalizações, os risos e as gargalhadas. É o momento de vitalizar as emoções, o prazer e o lúdico; de incentivar e participar da interação grupal pedagógica.

Os jogos pedagógicos e de salão, as brincadeiras de roda e as canções acompanhadas de gestos trabalham as mãos e os dedos. Ao mesmo tempo diminuem os movimentos bruscos, desenvolvem a coordenação motora fina e direcionam a agressividade para a criatividade.

Ao brincar com o papel, sem a preocupação de acertar ou errar, o indivíduo se permite transpor seus limites, interagindo livremente com o material, com seu corpo e com os colegas. Os movimentos espontâneos provocam risos que se misturam aos sons produzidos pelo papel, fazendo da sala de aula um lugar de prazer e satisfação.

Para Rousseau, todo processo que desencadeia a alegria natural da criança influencia diretamente a sua maneira de ver, pensar e sentir o mundo. Para ele os órgãos dos sentidos são instrumentos para o desenvolvimento da inteligência. Podemos ampliar a ideia de Rousseau para todas as idades do ser humano. Uma pessoa alegre vê o mundo de diferentes formas e cores, seus horizontes são mais amplos e claros.

Para Piaget (1964, p. 266):

> Os esquemas sensório-motores, que duram desde o nascimento até o segundo ano de vida, comportam naturalmente uma parte essencial de atividades intelectuais, estando a afetividade presente quando a criança manifesta interesses, prazeres e tristezas, alegria do êxito e tristeza do fracasso. Todos os "sentimentos fundamentais" intervêm, a título de regulação da ação, da qual a inteligência determina a estrutura. Portanto, a afetividade regula assim a energética da ação, da qual a inteligência assegura a técnica.

O origami é um estímulo interdisciplinar que favorece o desenvolvimento da criança no processo de aprendizagem e a sua interação com o meio. A construção do conhecimento por meio da experiência, da observação e da ação produz a aquisição de valores sociais, morais e afetivos, facilitando a compreensão da linguagem e o autoconhecimento.

O convívio fraterno em sala de aula, a autonomia de criar, e o trabalho em grupo edificam os valores éticos da solidariedade. Valores estes cada vez mais esquecidos no mundo de hoje. Segundo Barbosa (2001, p. 5): "Precisamos estimular a materialidade da produção em grupo, a imaginação criativa e o entendimento dos princípios articuladores da obra de arte, respeitando a especificidade de cada linguagem e de cada criador, através de oficinas".

O fazer criativo deixou de ser individual, o trabalho em equipe tem um rendimento maior, a união da diversidade intelectual e artística impulsiona a ciência, a tecnologia.

Ainda segundo Barbosa (2001, p. XIV): "Na pós-modernidade o conceito de arte está ligado à cognição; o conceito de fazer arte está ligado à construção e o conceito de pensamento visual está ligado à construção do pensamento a partir da imagem".

A necessidade de seguir as regras básicas para a execução do origami desenvolve o raciocínio lógico, matemático, geométrico e simbólico. "A educação criadora levará ao desenvolvimento da capacidade crítica e da coragem de operar mudanças" (BARBOSA, 2001, p. 3).

Segundo Aschenbach, Fazenda e Elias (1990, p. 57):

> Todas as atividades que a criança inventa, ou pelas quais se interessa, são verdadeiros estímulos para aprimorar suas habilidades de discriminação e memória auditiva e visual, de imaginação, de coordenação motora fina, de atenção e concentração, de análise e síntese, de equilíbrio e de socialização.

O dobrar e o vincar estimulam subjetivamente a reflexão sobre novas possibilidades de ação e de pensar.

O dobrar e o vincar possibilitam à mente sair da rotina, seja ela educacional, institucional, hospitalar ou outra qualquer. O desligar-se da situação atual para se conectar em outra atividade, neste caso o origami, direciona as energias psíquicas para outro foco, liberando o corpo para se recompor e posteriormente voltar à rotina revigorado.

CONTRIBUIÇÕES ARTETERAPÊUTICAS

A arte é expressão do pensamento, sentimento e emoção do ser humano.

A capacidade criativa do ser humano é infinita e maravilhosa.

A arte eleva o espírito, insere o indivíduo no coletivo e o aproxima do divino.

Para Jung (1985): "Arte é a expressão mais pura que há para a demonstração do inconsciente de cada um. É a liberdade de expressão, é sensibilidade, criatividade, é vida".

Segundo Alessandrini (1996, p. 50): "A criatividade visa preencher o desejo – consciente ou não – de um novo objeto ou estado experiencial que não seja facilmente encontrado ou atingido, e que seja perceptível tanto no processo quanto no produto criativo".

A arteterapia é um processo terapêutico que utiliza os recursos expressivos para revelar os conteúdos simbólicos inconscientes e conscientes e assim compreender o indivíduo em sua totalidade. A arteterapia integra no contexto psicoterapêutico técnicas artísticas, originando uma relação terapêutica diferente entre o sujeito (criador), o objeto de arte (criação) e o terapeuta. O recurso arteterapêutico estimula a imaginação, libera a manifestação do simbolismo e das metáforas enriquecendo o processo de autoconhecimento e desenvolvimento cognitivo, afetivo-emocional e criativo.

A verbalização dos conflitos afetivo-emocionais muitas vezes é difícil ou até mesmo impossível. Por meio de técnicas artísticas, os conflitos, ansiedades, medos, angústias, são projetados e sob uma teoria psicológica analisados, obtém-se uma melhor compreensão de si mesmo e das relações do *eu* com o mundo.

A expressão artística muitas vezes consegue revelar sentimentos como alegria, desespero, angústia e felicidade, de maneira única e pessoal, relacionados ao estado espiritual em que se encontra o autor no momento da criação. Cabe ao facilitador arteterapeuta a sensibilidade de encontrar a técnica mais adequada ao sujeito e ao momento terapêutico.

Neste trabalho propomos a aprendizagem e a confecção de origami como técnica arteterapêutica.

Se for aplicado em ambiente escolar, o foco se concentra nas medidas preventivas da saúde mental, no desenvolvimento cognitivo e afetivo. Entende-se por saúde mental o equilíbrio e a harmonia psicológica no dia a dia. Ao ser aplicado em instituições da saúde, o foco se concentra no restabelecimento da saúde psíquica e física. Para se atingir equilíbrio e harmonia é necessário o desenvolvimento da criatividade.

Ao inserir a dobradura em um contexto (sugestões pedagógicas logo abaixo), o aprendiz desenvolve os processos criativos ultrapassando as barreiras do cotidiano e descobrindo o próprio potencial criativo. Ao dar liberdade ao imaginário, ele melhora a autoestima.

Entre os vários materiais utilizados em arteterapia o papel é o que está mais próximo da vida cotidiana; portanto, causa menos ansiedade. O papel permite tudo, liberando a imaginação: pode ser amassado e rasgado com raiva, dobrado com carinho, escrito ou apenas rabiscado. O papel interage com o sujeito e sobre o sujeito.

O origami com a expressão plástica é uma forma de inovar as ações com e sobre o papel, de trazer para o consciente outra lógica simbólica. A potência modificadora não termina no movimento da ação do sujeito sobre o objeto (papel), já que este é modificado por outras variáveis e outros materiais, como lápis colorido, giz de cera, tintas, os quais não são tão presentes na vida do sujeito. E nessa volta se produzem novas coisas, cuja complexidade esboça criativamente novas lógicas simbólicas. Consequentemente atua de forma subjetiva e terapêutica no inconsciente.

Nos últimos dez anos, pesquisas da neurociência revelaram que, ao estimular o cérebro com experiência de novas ações, tais como jogos, palavras cruzadas, artes, ocorre o crescimento de conexões neuronais complexas que auxiliam o desenvolvimento da inteligência e a manutenção da memória. Cientistas comprovaram também que as células neuronais não param de realizar conexões quando devidamente estimuladas. Portanto, acreditamos que a prática do origami, durante todas as fases da vida, é benéfica e atua de forma preventiva em relação às doenças do sistema nervoso. Vale lembrar novamente que os japoneses intuitivamente presenteavam os doentes com papéis de dobradura.

Ao ser desenvolvido em áreas da saúde, educação, organizacional, geralmente o cenário criado para a dobradura traz as angústias do momento, revelando o medo e a fragilidade diante da atual situação. O processo em sua totalidade – contato com o papel, confecção da dobradura, elaboração do cenário – propõe uma estruturação da ordenação lógica e temporal da linguagem verbal, permitindo a resolução dos conflitos internos.

Para Reisin (2005, p. 127):

> Construção de um objeto artístico em arteterapia é pensada ao mesmo tempo como restabelecimento dentro de uma ordem simbólica e subjetiva de um objeto internalizado e como estabelecimento e capacidade de criação [...] em um interjogo do velho com o novo, da significação e a ressignificação que são passíveis de ocorrer nessa construção.

É na construção de novos significados que o produto final pode abrir caminhos de entendimento sobre a sensibilidade e da emoção ligadas nessa ação.

Devido à simplicidade do material e ao fácil manuseio, o origami pode ser desenvolvido com pessoas hospitalizadas, que aguardam o restabelecimento da saúde, lembrando que neste caso cada folha de papel deve ser utilizada por uma única pessoa, a fim de evitar uma possível contaminação hospitalar.

Com essa prática o professor, o cuidador, o arteterapeuta, fica mais próximo da realidade de seu aprendiz, podendo encontrar então "um conhecer por meio do fazer, virtude da produção do objeto, que pode conduzir a um saber sobre o sujeito" (REISIN, 2005, p. 128). O fazer artístico passa a ser um instrumento para a psicoterapia como uma das expressões do ser humano além do verbal.

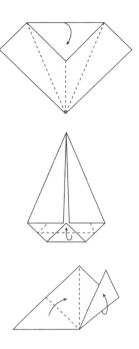

Capítulo 3
A PRÁTICA DAS DOBRADURAS

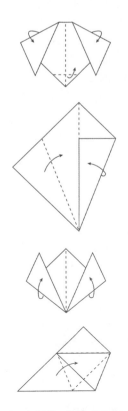

Este capítulo, além de ensinar passo a passo a dobradura, traz curiosidades sobre o tema proposto, sugestões de atividades pedagógicas relacionadas ao tema, e também estimula a pesquisa de palavras no dicionário, coloca em evidência o desenvolvimento arte psicopedagógico do aprendiz durante o processo de aprendizagem.

O tópico "Curiosidades" traz informações gerais e histórias que poderão ser utilizadas pelo professor para introduzir a dobradura a ser realizada, transporta o sujeito para outros lugares, desperta a reflexão sobre a origem de algumas coisas, além de estimular o imaginário.

As "Sugestões pedagógicas" foram pensadas com o objetivo de ampliar a aplicação do origami, de estabelecer diálogo com o grupo e de harmonizar as relações sociais. Esse tópico poderá ser ampliado pelo professor de acordo com a idade e o nível cultural de seu aprendiz.

A partir da dobradura o aprendiz é estimulado a criar o cenário para incluí-la. Dessa forma vincula-se a aprendizagem da dobradura a outros conhecimentos. Ao mesmo tempo revela os vínculos arte psicopedagógicos e afetivos do aprendiz com o mundo externo.

LIVRO

Curiosidades

História do livro

O livro tem aproximadamente 6 mil anos de história para serem contados.

O homem utilizou os mais diferentes tipos de materiais para registrar a sua passagem pelo planeta e difundir seus conhecimentos e experiências.

Os sumérios guardavam suas informações em tijolo de barro; os egípcios, em pergaminhos.

Os indianos faziam seus livros em folhas de palmeiras.

Os maias e os astecas, antes da chegada dos europeus às Américas, escreviam os livros em um material macio existente entre a casca das árvores e a madeira.

Os romanos escreviam em tábuas de madeira cobertas com cera.

Johannes Gutenberg (cerca de 1397-1468), nascido em Mogúncia (Alemanha), inventou o processo de impressão com caracteres móveis, a tipografia. Gutenberg trabalhava na Casa da Moeda, onde aprendeu a arte de trabalhos em metal.

Em 1428, Gutenberg parte para Estrasburgo, onde fez as primeiras tentativas de impressão.

Segundo consta, em 1442, foi impresso o primeiro exemplar em uma prensa.

Em 1448 volta à sua cidade natal e dá início a uma sociedade comercial com Johann Fust, com quem funda a Fábrica de Livros (Werk der Buchei). Entre as produções está a conhecida Bíblia de Gutenberg, composta por 42 livros (cf. <http://www.usp.br/espacoaberto/arquivo/2002/>).

Sugestões pedagógicas

A criança deve pesquisar em revistas ou desenhar uma estante com livros.

Dialogar com a classe sobre a importância dos livros.

Fazer um levantamento dos tipos de livros que existem em casa.

Este primeiro trabalho de origami deve ser desenvolvido em cartolina. Dentro dele serão armazenados os trabalhos futuros, formando no final um livro de origami criado pelo aluno.

A capa poderá ser decorada no final, após o término de todos os passos com as dobraduras aprendidas, ou com desenhos livres.

A primeira página deverá conter os dados da criança: nome, idade, endereço, se possível uma foto.

Vocabulário

Procurar no dicionário o significado das seguintes palavras: biblioteca, livro, página.

Desenvolvimento arte psicopedagógico

Com este primeiro passo da dobradura a criança será estimulada a conhecer os outros passos do origami.

Vencendo as dificuldades passo a passo a criança não terá problemas de frustração.

Não há certo ou errado, bonito ou feio, na decoração da capa do livro. É necessário estimular a criatividade.

Dar à criança a ideia do todo. No final do mês, ou do semestre, o livro estará pronto.

A confecção do livro motiva a presença em sala de aula.

Como fazer

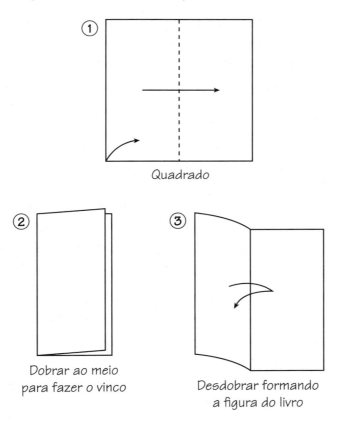

PORTA / JANELA / TELHADO

Curiosidades

Porta

A porta é uma abertura na parede ou em um muro que possibilita a passagem.

As portas podem ser construídas de diversos materiais, tais como alumínio, aço e ferro, mas a madeira é a mais utilizada.

A porta convida a atravessá-la.

A porta convida a uma viagem…

Está localizada no centro de dois pontos, entre o lado de cá e o lado de lá, entre o conhecido e o desconhecido, entre a luz e as trevas, entre a riqueza e a pobreza, entre o céu e a terra, entre o sagrado e o profano.

A porta simboliza o local de passagem.

A porta também possibilita o acesso a uma nova realidade.

Janela

A janela convida a olhar.

A janela motiva a curiosidade, o desejo de ver o que está além dela.

Não possibilita a passagem, mas permite a receptividade.

Para alguns povos a janela tem significado simbólico, que vai além de uma simples passagem de luz ou de ar. Enquanto abertura para o ar e para a luz, a janela simboliza receptividade. Se a janela é redonda, a receptividade é da mesma natureza que a do olho e da consciência. Se for quadrada, a receptividade é terrestre, relativamente ao que é enviado do céu.

Através da janela se pode observar o mundo exterior sem estar participando dele.

Através da janela se pode observar o que está dentro de um ambiente sem penetrá-lo.

Telhado

O telhado tem a função de proteger a casa das águas da chuva; ao mesmo tempo funciona como um isolamento térmico para a casa. O telhado é composto de telhas, madeira, parafusos e pregos. A telha, colocada de maneira inclinada, conduz a água para a calha, que por sua vez a leva ao solo. A telha, além disso, tem uma função estética. Quando bem desenhado, o telhado embeleza a casa.

Sugestões pedagógicas

Com a figura 2, um retângulo, podemos fazer uma porta e/ou um telhado de uma casa.

Com a figura 3, dois retângulos, podemos fazer uma porta, ou uma janela, se o cortarmos ao meio.

Desenhar uma casa aplicando essas dobraduras.

Completar com outros desenhos, a critério de cada um.

As crianças mostrarão seus desenhos para a classe.

Dialogar com a sala: Quantas pessoas moram na casa, quais seus nomes e qual a relação de parentesco?

Colocar o trabalho dentro da capa confeccionada anteriormente.

Vocabulário

Procurar no dicionário o significado das seguintes palavras: porta, janela, parede, teto, telhado.

Desenvolvimento arte psicopedagógico

Motivar a observação da arquitetura da rua e do bairro.

Desenvolver a percepção para objetos cotidianos, tais como porta, janela, telhado.

Ao repetir os passos e conhecer novos, desenvolvem-se a segurança e a autoconfiança, estimulando a aprendizagem.

Desenvolver a percepção do ambiente físico familiar.

Conhecer a estrutura familiar dos alunos.

Perceber a imagem internalizada do esquema familiar.

Conhecer as relações afetivas da família.

Valorizar as relações familiares e o papel de cada familiar.

Como fazer

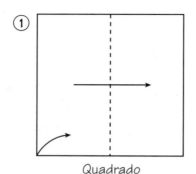

Quadrado

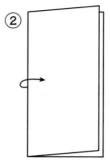

Dobrar e desdobrar
formando o vinco
(sugestão: porta e telhado)

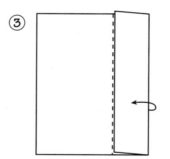

Desdobrar, pegar uma lateral
e dobrar até o meio

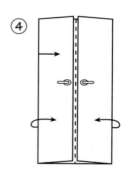

Dobrar do outro lado
até o meio
(sugestão: porta de armário)

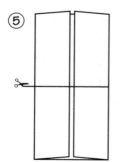

Cortar a porta ao meio
na horizontal formando
duas janelas

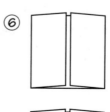

BORBOLETA

Curiosidades

A flor e a borboleta

Certa vez, um homem pediu a Deus uma flor... e uma borboleta.

Mas Deus lhe deu um cacto... e uma lagarta.

O homem ficou triste, pois não entendeu o porquê do seu pedido vir errado.

Daí pensou: "Também, com tanta gente para atender..." E resolveu não questionar.

Passado algum tempo, o homem foi verificar o pedido que deixara esquecido.

Para sua surpresa, do espinhoso e feio cacto havia nascido a mais bela das flores.

E a horrível lagarta transformara-se em uma belíssima borboleta.

Deus sempre age certo.

A lição da borboleta

Um dia, uma pequena abertura apareceu num casulo e um homem ficou observando o esforço da borboleta para fazer com que o seu corpo passasse por ali e ganhasse a liberdade. Por um instante, ela parou, parecendo que tinha perdido as forças para continuar. Então, o homem decidiu ajudar e, com uma tesoura, cortou delicadamente o casulo. A borboleta saiu facilmente. Mas, seu corpo era pequeno e tinha as asas amassadas. O homem continuou a observar a borboleta porque esperava que, a qualquer momento, as asas dela se abrissem e ela saísse voando. Nada disso aconteceu. A borboleta ficou ali rastejando, com o corpo murcho e as asas encolhidas e nunca foi capaz de voar! O homem, em sua gentileza e vontade de ajudar, não compreendeu que o casulo apertado e o esforço eram necessários para a borboleta vencer essa barreira. Era o desafio da natureza para mantê-la viva. O seu corpo se fortaleceria e ela estaria pronta para voar assim que se libertasse do casulo.

Sugestões pedagógicas

Pesquisar em revistas: imagens com céu e/ou paisagem.

Aplicar sobre a figura pesquisada uma ou várias borboletas coloridas de tamanhos diferentes.

Produzir texto oral coletivo: cada aluno fala uma ou duas frases dando sequência à frase anterior.

O professor registrará as frases na lousa e concluirá com a leitura final.

Cada aluno deverá fazer uma cópia do texto e armazená--la no livro de dobraduras.

Em casa deverão produzir um texto individual sobre o seu trabalho final.

Vocabulário

Procurar no dicionário o significado das seguintes palavras: borboleta, jardim, inseto, casulo.

Desenvolvimento arte psicopedagógico

Verificar a relação da criança com o meio ambiente.

Iniciar conscientização de respeito e cuidados com o meio ambiente.

Identificar a relação afetiva com os insetos.

Possibilitar a manifestação de agrado ou desagrado pelos insetos.

Como fazer

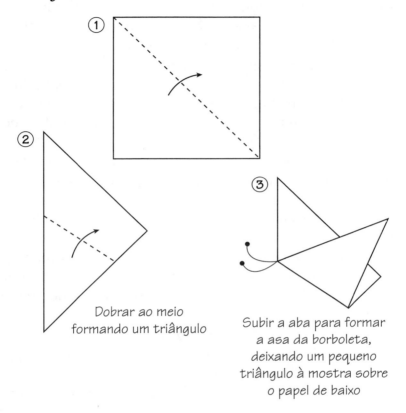

Dobrar ao meio formando um triângulo

Subir a aba para formar a asa da borboleta, deixando um pequeno triângulo à mostra sobre o papel de baixo

CASQUINHA DE SORVETE

Curiosidades

História do sorvete

A história do sorvete é repleta de curiosidades e lendas.

Pesquisas mostram que o sorvete foi inventado há cerca de 3 mil anos pelos chineses, mais ou menos no ano 1110 a.C., quando os chineses descobriram uma maneira de conservar o gelo natural produzido durante o inverno para usá-lo no verão. Construíram espessas placas de gelo em forma de caixa, surgindo dessa forma a primeira geladeira, e nela armazenavam os alimentos em baixas temperaturas por muitos meses. Como realmente surgiu o primeiro sorvete não se sabe, mas algum cozinheiro criativo deve ter misturado suco de frutas aos flocos de neve, talvez acrescentando um pouco de mel.

Alguns pesquisadores afirmam que foi o líder Alexandre, o Grande (356-323 a.C.), rei da Macedônia, que introduziu o sorvete na Europa, com uma mistura de salada de frutas embebida em mel e resfriada em potes de barro enterrados no chão e mantidos frios com a neve.

O imperador de Roma Nero Claudius Caesar (54-68 d.C.), temido por sua crueldade, enviava grupos de escravos até as montanhas com o propósito de trazer neve para seus aperitivos. Ele a cobria com xaropes de fruta e mel para amenizar o calor.

O Rei Ricardo "Coração de Leão", da Inglaterra, em 1194 d.C. retornou de suas cruzadas ao leste da Europa com uma receita de gelo de laranja, oferecida pelo sultão do Egito e da Síria.

Mas foi em 1292 que o sorvete começou a tomar a forma que conhecemos hoje, quando o famoso viajante italiano Marco Polo voltou ao seu país, de uma viagem à China, da qual trazia muitas novidades: o arroz, o macarrão e o sorvete feito à base de farinha de arroz, açúcar e leite. A receita de Marco Polo espalhou-se com grande sucesso pela França, Alemanha e Inglaterra.

A partir daí, o sorvete começou a ser muito consumido em toda a Itália e até hoje o sorvete italiano é reconhecido como um dos melhores do mundo. Por lá, em qualquer lugar pode-se encontrar uma *gelateria*, ou seja, uma sorveteria. Em italiano, "sorvete" é *gelato*.

Da Itália, o consumo do sorvete espalhou-se por toda a Europa, até que os ingleses o levaram para os Estados Unidos. Lá, a história do sorvete ganhou importantes capítulos...

Nos Estados Unidos, país que mais faz e mais consome sorvetes no mundo, dois fatos importantes ocorreram para tornar esse alimento ainda mais popular: em 1851, Jacob Fussel abre a primeira fábrica de sorvetes do mundo! Pela primeira vez, os *ice creams* são produzidos em grande quantidade.

No Brasil, em 1878, o sorvete ficou conhecido quando dois comerciantes compraram 217 toneladas de gelo, vindas em um navio norte-americano, e começaram a fabricar sorvete com frutas brasileiras. Na época não havia como conservar o sorvete gelado, por isso, tinha que ser consumido logo depois de pronto. Um anúncio avisava a hora exata da fabricação. O primeiro anúncio apareceu em São Paulo, contendo a seguinte mensagem: "Sorvete – Todos os dias às 15 horas, na Rua Direita, nº 44".

Com o desenvolvimento da indústria, surgiram as geladeiras, mudando a história do sorvete, pois a partir daí pôde-se conservar o gelo e manter o sorvete na temperatura adequada por muitos dias.

Sugestões pedagógicas

Solicitar que a criança desenhe um carrinho de sorvete e o sorveteiro, com crianças ao seu redor.

Nas mãos do sorveteiro e das crianças colar a dobradura.

Em cima das dobraduras coladas desenharem bolas coloridas de sorvetes.

Relacionar a atividade com as ruas do bairro, complementando o desenho com a rua de sua casa.

Refletir sobre trabalho de ambulantes: quais são os profissionais que trabalham nas ruas e o que vendem.

Estabelecer relações de compra e venda.

Dinamizar essa situação em sala de aula, em que cada criança assume os personagens que vendem e os que compram.

Vocabulário

Procurar no dicionário o significado das seguintes palavras: casca, sorvete.

Desenvolvimento arte psicopedagógico

A criança terá contato concreto com vários tipos de triângulos, desenvolvendo o raciocínio abstrato.

A relação estabelecida entre sala de aula, rua e casa permite à criança integrar esses elementos no contexto psicológico, de pertencer.

A conscientização de fazer parte e de atuar no meio social é fundamental para posturas profissionais futuras.

Ao dinamizar a situação em sala de aula, estamos propiciando relações sociais, respeito humano, e principalmente desenvolvendo papéis sociais.

Como fazer

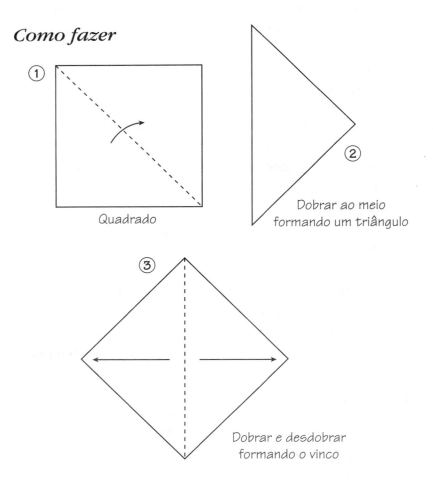

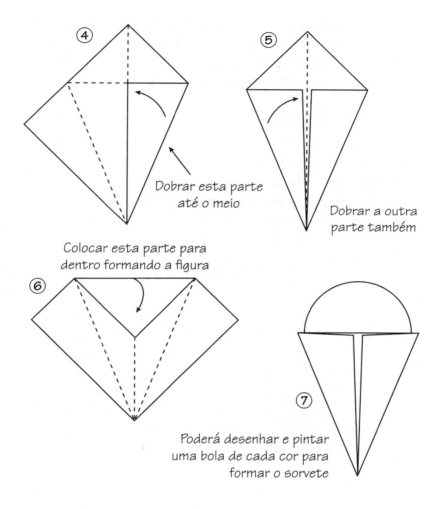

TULIPA E HASTE DA TULIPA

Curiosidades

Botânica

A botânica informa que tulipa é um gênero de plantas angiospermas, ou seja, plantas com flores da família das liláceas. Com cerca de cem espécies, as tulipas têm folhas que podem ser oblongas, ovais ou lanceoladas (em forma de lança). Do centro da folhagem surge uma haste ereta, com uma flor solitária formada por seis pétalas. Cores e formas são bem variadas. Existem muitas variedades cultivadas e milhares de híbridos em diversas cores, tons matizados, pontas picotadas etc.

Origem da tulipa

As tulipas são originárias da Ásia Central e não dos Países Baixos, como o senso comum leva a crer. Foram levadas para a Holanda em 1560 pelo botânico Conrad von Gesner.

O nome da flor foi inspirado na palavra turco-otomana *tülbend*, de onde vem o termo francês *tulipe*, que originalmente significa turbante, considerando a forma da flor invertida. Alguns estudos defendem que as tulipas seriam originárias da China, de onde foram levadas para as montanhas do Cáucaso e para a Pérsia.

Chinesas ou turcas, o fato é que elas se transformaram numa paixão para os holandeses, e essa paixão foi tanta que gerou até uma especulação financeira envolvendo os bulbos dessa planta, chegando a ser a quarta maior fonte de renda do país. Essa paixão ficou conhecida como mania das tulipas (ou tulipomania). A área mais antiga de cultivo de tulipas nesse país é a que circunda a cidade de Lisse. Hoje, é a flor nacional da Turquia (onde é nativa) e do Irã.

Charles de l'Écluse (1525-1609)

Charles de l'Écluse, ou Carolus Clusius, nasceu em Arras, em 19 de fevereiro de 1525, e morreu em Leiden, em 4 de abril de 1609. Foi médico e botânico, um dos mais famosos do século XVI. Foi o criador de um dos primeiros jardins botânicos da Europa em Leiden e é considerado como um dos fundadores da horticultura. Foi também um dos primeiros a realizar descrições realmente científicas de plantas.

A tulipa foi introduzida na Europa durante a metade do século XVI, à época do Império Otomano. Imagina-se que seu cultivo nas Sete Províncias tenha começado em 1593, quando Charles de l'Écluse criou mudas de tulipa capazes de tolerar as ásperas condições climáticas nos Países Baixos, a partir de bulbos que lhe haviam sido enviados da Turquia por Ogier de Busbecq. No começo do século XVII, a flor já era muito usada na decoração de jardins e também na medicina.

Apesar de não terem perfume e florescerem apenas por uma ou duas semanas ao ano, os jardineiros holandeses apreciavam as tulipas por sua beleza. Muitos mercadores, artesãos e colecionadores preferiam colecionar tulipas a quadros.

Rapidamente a popularidade das flores aumentou. Mudas especiais recebiam denominações exóticas ou nomes de almirantes da marinha holandesa. As mais espetaculares e altamente desejadas tinham cores vívidas, linhas e pétalas flamejantes. A tulipa se tornara um cobiçado artigo de luxo e símbolo de status social, estabelecendo a competição entre membros das altas classes pela posse das variedades mais raras. Os preços então dispararam.

Em 1623, um simples bulbo de uma variedade famosa de tulipa poderia custar muitos milhares de florins neerlandeses. Tulipas foram trocadas por terras, animais valiosos. Algumas variedades podiam custar mais que uma casa em Amsterdã. Dizia-se que um bom negociador de tulipas conseguia ganhar 6 mil florins por mês, quando a renda média anual, à época, era de 150 florins.

Lenda da tulipa negra

Era comum ouvir falar na tulipa negra, uma flor rara e preciosa. Segundo uma lenda persa, uma moça chamada Ferhad apaixonou-se por um rapaz chamado Shirin. Vendo seu amor rejeitado, Ferhad fugiu para o deserto. Ao chorar de saudade e tristeza, cada uma de suas lágrimas, ao tocar a areia, transformou-se em uma linda tulipa negra.

A tulipa negra de Alexandre Dumas

O escritor francês Alexandre Dumas (1802-1870), autor de *Os três mosqueteiros*, era tão fascinado pela beleza da flor, que acabou escrevendo um romance chamado *A tulipa negra*.

A ação se passa na Holanda, no século XVII, mais precisamente entre o início de 1672 e 15 de maio de 1673. Injustamente acusado de traição, Cornelius van Baerle, médico e cultivador de tulipas, é preso, apaixonando-se por Rosa, a bela filha do carcereiro. Esse amor quase impossível se entrelaça com outro feito também quase impossível: a produção de uma tulipa negra, desafio proposto pela Associação Hortícola de Haarlem, com o vultoso prêmio de 100 mil florins. Dumas entrelaça fatos históricos (como o assassinato dos irmãos De Witt e a especulação econômica em torno da tulipa) com uma história de amor e aventura. E quantas aventuras e reviravoltas ele consegue imaginar em torno do dia a dia de um prisioneiro!

Sugestões pedagógicas

Proposta de trabalho: criar um jardim, com as dobraduras de tulipas.

Usar diferentes cores de papéis para as tulipas ou sugerir a coloração com giz de cera ou lápis de cor.

Relacionar os diferentes jardins que conhecem.

Levantar os tipos de flores que têm em casa.

Verificar o conhecimento de cores e forma das flores.

Qual a flor de preferência? Qual a sua cor? Como é seu cabo?

Para completar o jardim, faça novamente a dobradura da borboleta e cole sobre as flores.

Vocabulário

Procurar no dicionário o significado das seguintes palavras: tulipa, rosa, margarida, lírio, haste, cabo.

Desenvolvimento arte psicopedagógico

A interiorização do conceito de cores permite uma visão global do mundo.

Reconhecer o conceito de cores primárias estimula a criatividade.

Desenvolver os conceitos das cores secundárias e terciárias a partir de sua mistura.

Ao se obterem as cores secundárias e terciárias, trabalha-se em nível inconsciente a transformação alquímica.

A cor é mágica. Lidar com as cores eleva as emoções, o corpo relaxa e a mente harmoniza-se.

Transformar o papel colorido em flor instala a paz, pois são dois elementos simbólicos diferentes que estão em harmonia.

Como fazer

Tulipa

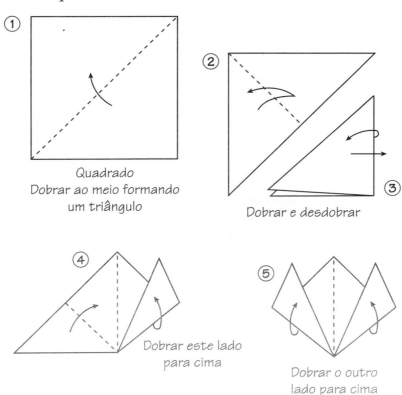

Haste da tulipa

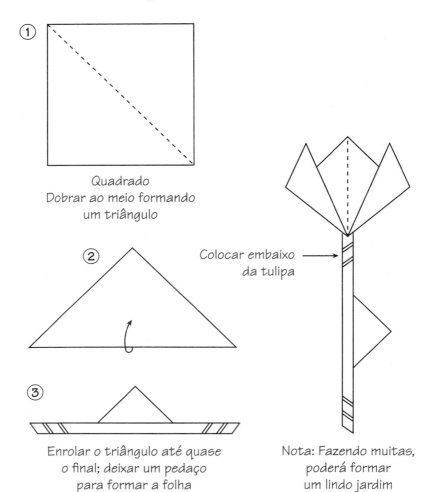

① Quadrado
Dobrar ao meio formando um triângulo

②

③ Enrolar o triângulo até quase o final; deixar um pedaço para formar a folha

Colocar embaixo da tulipa

Nota: Fazendo muitas, poderá formar um lindo jardim

VASO

Curiosidades

Origem do vaso

A história da cerâmica confundiu-se, em certo sentido, com a própria história da civilização: os vasos, as taças ou as ânforas são, em muitos casos, os únicos elementos sobre os quais podemos reconstruir o grau de evolução, os hábitos, a religião e até as mudanças de povos já desaparecidos.

Quando saiu das cavernas e se tornou um agricultor, o homem necessitava não apenas de um abrigo, mas também de vasilhas para armazenar a água, os alimentos colhidos e as sementes para a próxima safra. Tais vasilhas tinham que ser resistentes ao uso, impermeáveis e de fácil fabricação. Essas facilidades foram encontradas na argila, que deixou pistas sobre civilizações e culturas que existiram milhares de anos antes da Era Cristã.

Antes do final do período Neolítico ou da Pedra Polida, que compreendeu, aproximadamente, de 26.000 a.C. até por volta de 5.000 a.C., a habilidade na manufatura de peças de cerâmica deixou o Japão e se espalhou pela Europa e Ásia.

A cerâmica é muito antiga, sendo que peças de argila cozida foram encontradas em diversos sítios arqueológicos. Na China e no Egito, por exemplo, a cerâmica já tem mais de 5 mil anos. Nas tumbas dos faraós do Antigo Egito, vários vasos de cerâmica continham vinho, óleos e perfumes para fins religiosos.

No Mediterrâneo, algum trabalhador desconhecido inventou o aparelho que permitia fazer vasos perfeitos, de superfície lisa e espessura uniforme, num tempo relativamente breve. Trata-se de uma roda de madeira movida por um pedal, que foi criada aproximadamente em 2000 a.C.

A maioria das culturas, desde seus primórdios, acabou por desenvolver estilos próprios, que com o passar do tempo consolidavam tendências, e evoluiu no aprimoramento artístico, a ponto de poder situar o estado cultural de uma civilização através do estudo dos artefatos cerâmicos que produzia.

Origem da cerâmica no Brasil

No Brasil, a cerâmica tem seus primórdios na Ilha de Marajó. A cerâmica marajoara tem sua origem na avançada cultura indígena que floresceu na ilha. Estudos arqueológicos, contudo, indicam a presença de uma cerâmica mais simples, que ocorreu ainda na região amazônica por volta de 5 mil anos atrás. A cerâmica marajoara era altamente elaborada e de uma especialização artesanal que compreendia várias técnicas: raspagem, incisão, excisão e pintura.

A modelagem era tipicamente antropomorfa, embora ocorressem exemplares de cobras e lagartos em relevo. De outros objetos de cerâmica destacavam-se os bancos, estatuetas, rodelas-de-fuso, tangas, colheres, adornos auriculares e labiais, apitos e vasos em miniatura.

Mesmo desconhecendo o torno e operando com instrumentos rudimentares, o índio conseguiu criar uma cerâmica de valor, que dá a impressão de superação dos estágios primitivos da Idade da Pedra e do Bronze.

Os índios aborígines já tinham firmado a cultura do trabalho em barro quando Cabral aqui aportou. Por isso, os colonizadores portugueses, instalando as primeiras olarias, nada de novo trouxeram, apenas estruturaram e concentraram a mão de obra.

O rudimentar processo aborígine, no entanto, sofreu modificações com as instalações de olarias nos colégios, engenhos e fazendas jesuítas, onde se produzia, além de tijolos e telhas, louça de barro para uso diário.

Sugestões pedagógicas

Pesquisar quais são os tipos de vasos que têm em casa.
De quais materiais são feitos (cerâmica, vidro, outros).
O que contêm esses vasos?

O que esses vasos poderiam conter?
Localizar onde eles estão.

Vocabulário

Procurar no dicionário o significado das seguintes palavras: vaso, vasilha, conteúdo.

Desenvolvimento arte psicopedagógico

Ao pensar sobre objetos que estão em casa, trabalha-se a relação afetiva do sujeito com a casa.

Pensar sobre vaso faz a mente passar pela casa, e automaticamente se instala o reconhecimento dos cômodos e dos objetos.

Esse reconhecimento, de uma maneira indireta e subjetiva, faz o sujeito perceber a organização do espaço que o acolhe.

Ao mesmo tempo, o reconhecimento instala a reflexão estética.

Ao perceber o conteúdo do vaso e estudar possíveis conteúdos, trabalham-se a renovação e a inovação. Traz em nível consciente o poder da transformação.

Como fazer

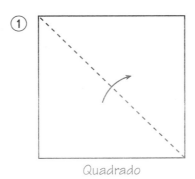

Quadrado

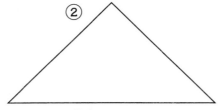

Dobrar ao meio
formando um triângulo

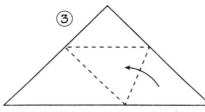 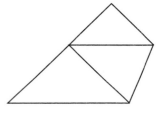

Dobrar esta ponta até
o outro lado

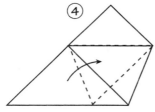 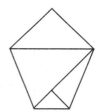

Fazer o mesmo com
a outra parte

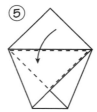 

Dobrar apenas a
folha de cima

Dobrar a outra folha para baixo no sentido oposto, deixando livre a abertura superior para colocar as flores

CÃO

Curiosidades

O cão é conhecido em nossa cultura como o melhor amigo do ser humano, por sua docilidade, companheirismo e fidelidade. Com a característica de guia, serve fielmente aos portadores de deficiências visuais. Com características de guardião, serve à família protegendo a casa. Dificilmente encontra-se alguém que nunca teve um cão. Mas também encontramos pessoas que não gostam de cães ou têm medo deles.

A imagem do cão está presente em todas as mitologias e culturas como um símbolo universal de transcendência; ele está associado ao mundo dos mortos, ao mundo subterrâneo. A função mítica do cão é a de psicopompo, ou seja, de acompanhar o ser humano como seu guia em vida e principalmente na morte. De Anúbis, no antigo Egito, a Cérbero, na Grécia antiga, passando por Thot, Hécate e Hermes, ele emprestou sua cara a todos os grandes guias de almas.

Anúbis

Anúbis, deus egípcio muito antigo, guiava os mortos a caminho do submundo. Auxiliou a deusa Ísis a mumificar Osíris depois de sua morte. Anúbis auxilia a deusa da justiça Ma'at, pesando o coração do morto em comparação com uma pluma desta deusa. Se o coração pesasse mais que a pluma seria devorado pelo demônio, se pesasse menos que a pluma ganharia a eternidade.

Cérbero

A mitologia grega apresenta Cérbero como o cão de múltiplas cabeças, três, cinquenta ou cem, com cauda de dragão. Seu corpo parece com o das serpentes. Ele é filho da víbora Equidna e do gigante Tifão.

Cérbero é guardião da porta do inferno, proibindo os mortos de sair.

Apenas Hércules e Orfeu entraram e saíram do inferno.

Hércules o venceu com sua própria força. Orfeu o adormeceu com o som de sua lira.

Sugestões pedagógicas

Verificar quem tem cachorro em casa.

Qual a raça, cor, tamanho do cão.

Verificar se há crianças com medo de cachorros e o motivo.

Desenhar o quintal da casa ou uma parte da moradia na qual o cachorro passa a maior parte de seu tempo.

Utilizar diferentes tipos de dobradura com cachorro: desenhar crianças brincando, passeando e acariciando seu cachorro.

Vocabulário

Procurar no dicionário o significado das seguintes palavras: cachorro, cão, amigo.

Desenvolvimento arte psicopedagógico

Estimular o convívio com os animais.

Estimular o diálogo sobre respeito e afetividade para com os animais.

Permitir a liberação de medos sem críticas.
O cachorro ainda é o maior amigo do ser humano.

Como fazer

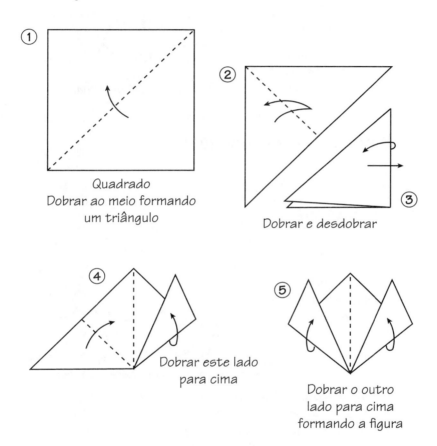

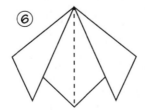

É o mesmo procedimento da tulipa, mas virando para baixo

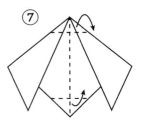

Dobrar a parte superior para trás e levantar embaixo apenas a folha de cima

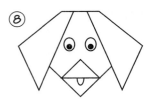

Desenhar olhos e língua

Mesmo cão (outra maneira)

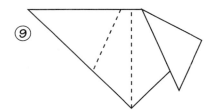

A partir da figura 4 da p. 77
Não dobrar ao meio para formar as orelhas

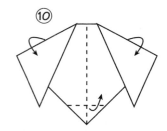

Deixar um espaço central de 1 cm para a cabeça

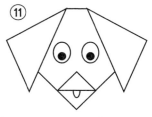

Dobrar a ponta do focinho para cima (somente a folha superior). Desenhar olhos e língua

Cão em pé

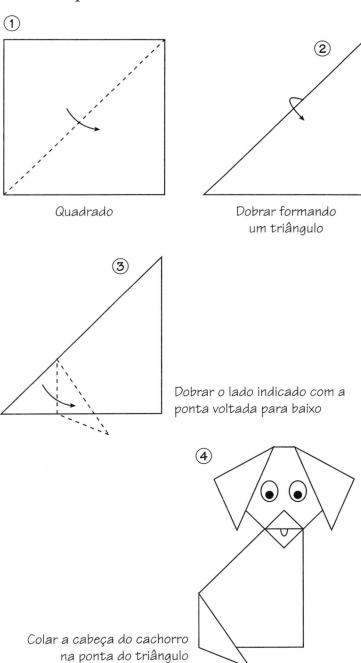

① Quadrado

② Dobrar formando um triângulo

③ Dobrar o lado indicado com a ponta voltada para baixo

④ Colar a cabeça do cachorro na ponta do triângulo

Cão deitado

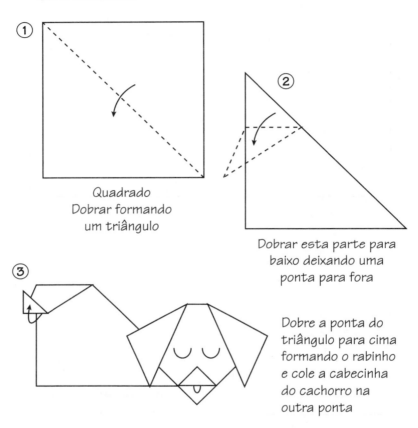

PINHEIRO
E TRONCO DO PINHEIRO

Curiosidades

Existem várias versões sobre a origem da árvore de Natal, uma delas indica a Alemanha como seu país de origem. Segundo consta, Martinho Lutero (1483-1546) passava por uma trilha à noite quando olhou para o céu através dos pinheiros que ladeavam a trilha e viu o céu estrelado por entre as folhas dos pinheiros. Envolvido pela beleza da natureza, arrancou um galho do pinheiro e o levou para casa. Ainda sob o efeito de sua visão, colocou o galho em um vaso e o decorou com pequenas velas acesas e papéis coloridos, tentando reproduzir o que viu, e com esse arranjo presenteou sua esposa e seu filho. Afastando-se do vaso, todos ficaram maravilhados ao verem a árvore iluminada. Nascia assim a árvore de Natal, mostrando como deveria ser o céu na noite do nascimento de Cristo.

Para muitos povos o cipreste ou pinheiro é uma árvore sagrada devido à sua longevidade e à conservação de sua cor verde. Em muitos países nos quais o inverno é rigoroso e ocorre o fenômeno da neve, o pinheiro é a única árvore que mantém sua folhagem verde. Por isso é utilizado no período do Natal, como árvore de Natal, quase universalmente. A conservação de sua folhagem verde evoca a imortalidade e a ressurreição.

Para os gregos e os romanos, o cipreste estava em comunicação com o reino dos mortos, por ter raízes profundas. Devido ao seu bom odor, também o consideravam símbolo das virtudes espirituais, da santidade e da pureza.

Segundo Confúcio, os Yin costumavam plantar cipreste junto dos altares da Terra.

Sugestões pedagógicas

Fazer um levantamento sobre os tipos de árvores.

Estimular o conhecimento das árvores ao redor e dentro da escola, em casa e na rua.

Verificar se há associação do pinheiro com o Natal.

Enfeitar um pinheiro para o Natal com bolinhas coloridas de restos de papéis.

Estimular a criatividade na composição de um jardim, com pinheiro, tulipas e borboletas.

Vocabulário

Procurar no dicionário o significado das seguintes palavras: pinheiro, pinha, tronco, terra, floresta.

Desenvolvimento arte psicopedagógico

Ao relacionarmos vários elementos de aprendizagem, ampliamos a compreensão de mundo.

Ao criar o jardim, estimulamos a percepção do lugar e a função de cada elemento na natureza.

Explorar verbalmente sentimentos de fraternidade, de convívio social e familiar.

Como fazer

Pinheiro

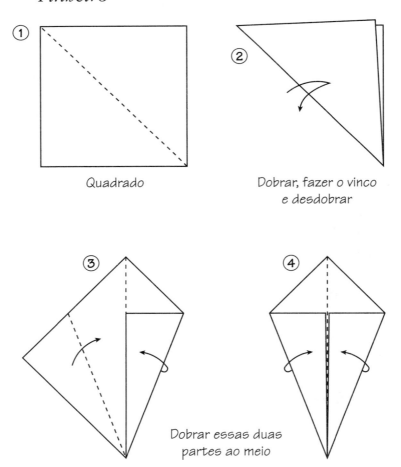

① Quadrado

② Dobrar, fazer o vinco e desdobrar

③

④ Dobrar essas duas partes ao meio

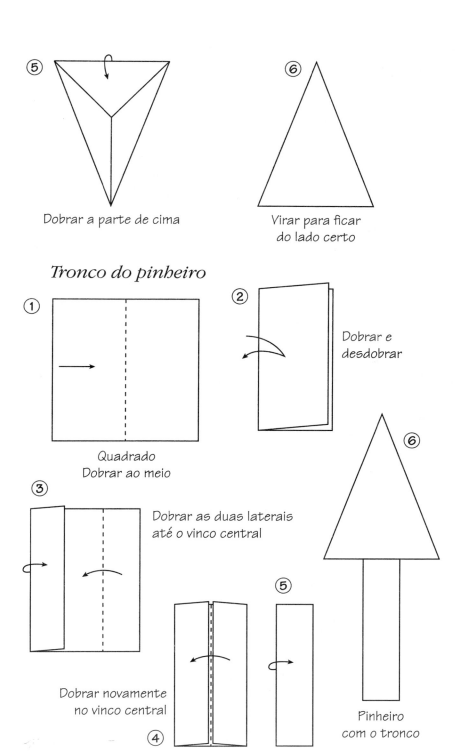

PEIXE

Curiosidades

O peixe nos remete a outro tipo de vida: o seu habitat é a água, seja salgada ou doce. Como símbolo das águas, o peixe está associado ao nascimento ou à restauração cíclica. Para várias culturas ele é ao mesmo tempo salvador e instrumento da revelação. Também é símbolo de vida e de fecundidade, devido a sua prodigiosa faculdade de reprodução e do número infinito de suas ovas.

A simbologia do peixe estendeu-se ao cristianismo. Cristo é frequentemente representado como um pescador, sendo os cristãos peixes, e a água do batismo é seu elemento natural, é o instrumento de sua regeneração. E o próprio Cristo é simbolizado pelo peixe.

"O peixe inspirou uma rica iconografia entre os artistas cristãos: se ele carrega uma nau sobre o dorso, simboliza o Cristo e a sua igreja; se carrega uma cesta de pão, ou se ele próprio se encontra sobre um prato, ele representa a Eucaristia; nas Catacumbas, ele é a imagem do Cristo" (CHEVALIER, Jean; GHEERBRANT, Alain. 1998, p. 703).

Ao observar um aquário, desperta-se a imaginação, e a sensação de traquilidade domina a mente do observador.

Lendas brasileiras – O boto cor-de-rosa[1] (Amazônia)

Os índios chamam o boto de "uiara", e dizem que ele é o deus dos rios e protetor dos peixes. Mas o boto cor-de-rosa tem uma peculiaridade: adora festa.

Quando têm vontade de se divertir, principalmente nas proximidades das festas juninas, os botos esperam chegar a noite, saem da água, transformam-se em humanos (ou, dizem alguns,

---

[1] Em: <http://pt.shvoong.com/humanities/1734793-lendas-brasileiras-boto-cor-rosa>. Publicado em: 30 dez. 2007. Acesso em: mar. 2010.

meio humanos – a metade de baixo humana; neste caso, sempre usam chapéu, para ocultar o rosto), e passeiam nas cidades.

Quando chegam a alguma festa em aldeias ribeirinhas, vão entrando mansamente, comportando-se de maneira tímida, quietinhos, envergonhados, sempre muito educados. Isso até a primeira bebida. Depois, não rejeitam mais nenhuma. Não há bebida que chegue. E não ficam tontos! Têm uma resistência sobre-humana à bebida.

Antes do amanhecer, no entanto, eles têm que voltar para a água, pois o sol os transforma em botos outra vez.

Geralmente são bonitos e simpáticos, e dançam muito bem. Como são muito namoradores, costumam levar as donzelas mais bonitas às margens do rio, e as engravidam. Quantas e quantas vezes as moças grávidas de pai desconhecido revelaram para seus pais e amigos que foram engravidadas pelo boto!...

Outro truque empregado pelos botos, geralmente em um bar: o boto desafia algum frequentador para ver quem bebe mais, cada um pagando a metade da conta. Depois de beber muito, "descobre que esqueceu a carteira" em sua canoa. Se o desafiado, depois de pagar a conta, resolve ir junto até a canoa para receber o dinheiro, apenas terá tempo de ver o desafiante dar uma gostosa gargalhada e mergulhar no rio, para nunca mais ser visto naquelas paragens... pelo menos com essa aparência...

Sugestões pedagógicas

Verificar o conhecimento sobre peixes, sua forma, tamanho e cor.

Distinguir entre peixes ornamentais, de rio e de mar.

Introduzir conceitos de ecossistemas (alimentação, meio ambiente etc.).

Introduzir conceitos de conservação do meio ambiente.

Desenhar o local para seu peixe.

Estimular a leitura das lendas brasileiras.

Vocabulário

Procurar no dicionário o significado das seguintes palavras: alimentação, peixe, meio ambiente, ecossistema, ornamental.

Desenvolvimento arte psicopedagógico

Pensar sobre a água do planeta, sua importância sobre a vida dos seres humanos.

Conscientizar sobre a responsabilidade da participação individual e coletiva para a saúde do planeta.

Ao descobrir as belezas do Brasil, aprende-se a amá-lo e a respeitá-lo; ao mesmo tempo se desenvolvem reflexões sobre o meio ambiente, tendo como resultado o comportamento ético.

Como fazer

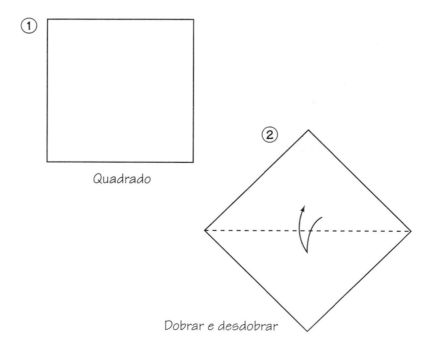

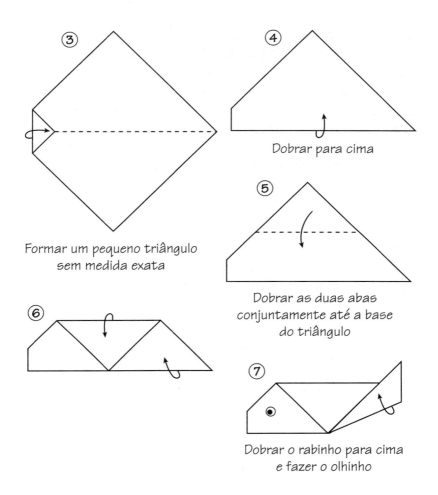

BARCO

Curiosidades

A barca, ou barco, é o símbolo da viagem, de uma travessia realizada seja pelos vivos, seja pelos mortos. A barca dos mortos é encontrada em todas as civilizações, como símbolo de passagem da vida para o mundo dos mortos.

O barco transporta a imaginação para lugares mágicos, exóticos e pitorescos.

Geralmente sua tripulação é exótica, diferente do povo que mora em terra. Os tripulantes gostam de explorar novos mundos.

No cristianismo, a barca dentro da qual os fiéis ocupam seus lugares a fim de vencer as ciladas deste mundo e as tempestades das paixões é a Igreja. No folclore brasileiro, Câmara Cascudo encontrou nas festas religiosas do estado de Espírito Santo uma história, "Barco de São Benedito",[2] que diz o seguinte:

> Na cidade de Barra, Espírito Santo, há uma festa curiosa dedicada a São Benedito. Estudou-a Guilherme Santos Neves. "A festa é uma procissão, mas procissão diferente, sem santo nem andor, a não ser a bandeira verde de São Benedito, conduzida por três moças da Serra. Milhares e milhares de pessoas, homens e mulheres, velhos, moços e crianças, em grande parte descalços, de vela na mão, e segurando uma corda de longo comprimento, no cabo da qual se prende um enorme barco de dois mastros, todo enfeitado de bandeirolas de papel de seda, e a ostentar na proa outra bandeira com a efígie de São Benedito. Na popa, a bandeira brasileira. O barco, armado sobre um carro de bois de duas rodas, conduz, deitado ao longo do convés, o mastro consagrado ao santo. Na canga do carro, à frente do barco, apinham-se seis a oito devotos, a cumprir penosa promessa. Estes é que, de fato, num esforço tremendo que lhes entumece os músculos, puxam e conduzem o grande barco. Atrás, e ao lado deste, segurando-o com as mãos, outros muitos devotos do santo. Na esteira da embarcação, a charanga desenvolve o seu repertório, ao som do qual dançam, desenfreadamente, durante todo o desfile, grupos de homens e moleques. Essa dança, isolada ou aos pares, deve ser uma forma de reverência ao santo do dia, espécie de homenagem contrita, como aquela do pobre jogral de Nossa Senhora" (*Folclore*, n. 3, Vitória, nov./dez. 1949). Este mastro é levado até o pátio diante da Matriz e ali chantado, com a bandeirola verde do santo, sob aplausos, cantos, gritos e a trovoada dos foguetes estalantes.
>
> É, do meu conhecimento, a única festa religiosa de caráter popular onde ocorre o barco, sem que o santo seja protetor dos navegantes e nele viaje materialmente.

---

[2] Em: *Superstições e costumes*. Disponível em: <http://www.jangadabrasil.com.br/outubro38/fe38100a.htm>, ano III, n. 38. Acesso em: out. 2001.

Sugestão de leitura

Auto da barca do inferno, de Gil Vicente.

Resumo

Depois de mortas, pessoas de diferentes classes sociais, cada uma com características que representam a sua posição na sociedade, se veem em um "Braço de Mar", onde terão expostas duas barcas, uma que leva para o inferno e outra ao paraíso, aquela conduzida pelo diabo e esta por um anjo. Nesses pequenos barcos, os pecadores serão apontados por seus vícios que praticaram em vida, motivo de regozijo para o arrais do inferno e de desprezo para o arrais do céu.

Sugestões pedagógicas

Quais são os meios de transporte?

Quais são os meios de transporte mais utilizados em nosso país?

Por onde se locomovem (terra, ar e água)?

Pesquisar e recortar de revistas e jornais diferentes tipos de barcos.

Relacionar com a chegada dos portugueses ao Brasil.

Dramatizar a chegada dos portugueses ao Brasil.

Vocabulário

Procurar no dicionário o significado das seguintes palavras: barco, remo, vela, mar, rio.

Desenvolvimento arte psicopedagógico

O barco faz parte do imaginário infantil como algo mágico.

Nas histórias infantis o barco transporta para terras longínquas, para grandes aventuras, principalmente com piratas e mocinhos salvando mocinhas.

Deixar fluir as histórias com barco.

Explorar as grandes aventuras com descobertas de novas terras.

Como fazer

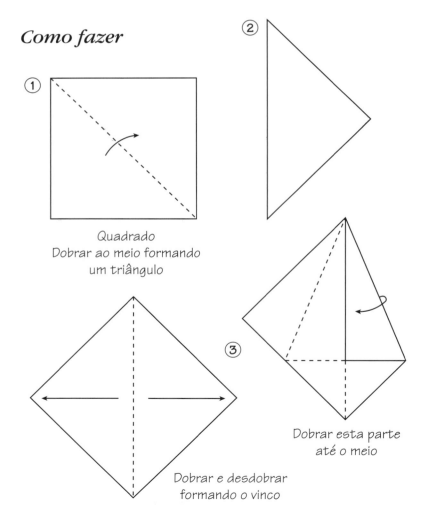

① Quadrado
Dobrar ao meio formando um triângulo

③ Dobrar e desdobrar formando o vinco

Dobrar esta parte até o meio

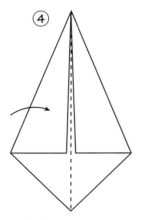

Dobrar a outra
parte também

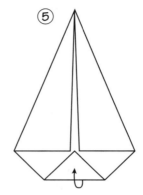

Dobrar esta ponta para cima,
juntando com as outras duas

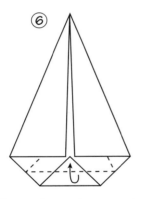

Virar esta parte para cima
dobrando ao meio

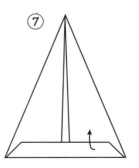

Dobrar mais uma vez

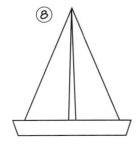

Dobrar novamente
para cima

CASA

Curiosidades

As primeiras moradias foram as cavernas, que não possuíam portas, janelas nem telhados, mas eram abrigos seguros que protegiam da chuva, do sereno e dos animais.

Com o passar do tempo os humanos foram descobrindo formas de construção e de materiais para construir suas casas.

A casa tornou-se um lugar seguro e de proteção.

A casa é também um símbolo feminino, com o sentido de refúgio, de mãe, de proteção, de seio maternal.

Relacionando a casa com a cidade e o templo, ela também está no centro do mundo.

A casa tradicional chinesa (Ming-t'ang) é quadrada e se abre para o sol nascente.

Na Roda da Existência tibetana, o corpo figura como uma casa de seis janelas, correspondente aos seis sentidos.

Na concepção simbólica irlandesa, a casa corresponde à atitude e à posição do homem em relação às forças do outro mundo.

Vinícius de Moraes, grande compositor da música popular brasileira, compôs esta linda letra de música sobre a casa:

A casa [3]

Era uma casa muito engraçada
Não tinha teto, não tinha nada
Ninguém podia entrar nela não
Porque na casa não tinha chão
Ninguém podia dormir na rede
Porque na casa não tinha parede
Ninguém podia fazer pipi
Porque penico não tinha ali
Mas era feita com muito esmero
Na rua dos bobos, número zero.

---

[3] MORAES, Vinícius de. Álbum *Novo Millenium*. Universal Music, 2005.

Sugestões pedagógicas

Aceitar a descrição dos apartamentos; diferenciar apartamento de casa.

Descrever como é sua casa e a sua localização (rua, bairro, cidade).

Descrever a casa dos avôs, tios, amigos.

Descrever como gostaria que fosse a sua casa quando você crescer.

Vocabulário

Procurar no dicionário o significado das seguintes palavras: casa, apartamento, moradia.

Desenvolvimento arte psicopedagógico

Geralmente a casa, a moradia, é o lugar mais seguro do mundo.

A casa faz parte do ser humano.

A casa acolhe, dá proteção, contém nossos objetos e a nossa história.

A casa revela a intimidade de seus moradores, seus gostos e suas relações com o mundo.

Deixar fluir os sentimentos em relação a sua casa (se gosta ou não, como é a casa de seus sonhos ou como você construiria sua casa).

Esse momento de reflexão estimula a analisar o contexto em que vive e como modificá-lo.

Como fazer

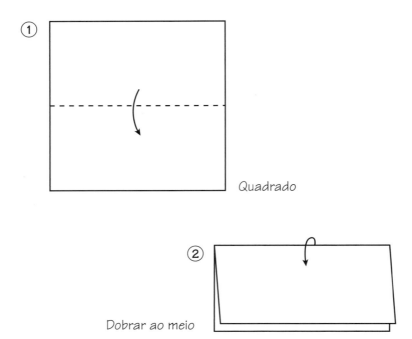

Quadrado

Dobrar ao meio

Dobrar e desdobrar

Dobrar as duas partes
ao meio

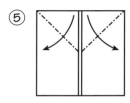

Dobrar as pontas para baixo como indicam as setas

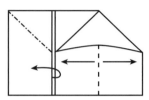

Abrir o retângulo ao meio formando o telhado. Abrir a outra parte do mesmo jeito

Completar a casa

PAINEL

Algumas sugestões para se construir o painel:

A construção do painel deve ser inicialmente individual;

Dividir a sala em grupos, para possibilitar a construção de vários painéis. Ao serem expostos lado a lado, formarão um único painel;

Em papel pardo grande, todos trabalham juntos na elaboração de um único painel.

Sugestões pedagógicas

Reproduzir todas as dobraduras.

Em uma folha de sulfite colar as dobraduras.

Completar o cenário com desenhos.

Escrever uma história sobre o painel.

Colocar todos os painéis na parede para serem observados e admirados.

Estimular a liberdade de falar dos trabalhos de seus amigos.

Se o mesmo trabalho foi desenvolvido com outras salas, é interessante abrir uma exposição no pátio, para todos os alunos da escola.

Desenvolvimento arte psicopedagógico

O painel final completa um ciclo de aprendizagem.

Ao elaborar novamente todas as dobraduras, trabalha-se com a memória e com relações afetivas da aprendizagem.

O painel final estimula a observação e a interação socio--afetiva do grupo; favorece o encerramento de um ciclo de aprendizagem e de realização artística psicopedagógica.

A exposição em um espaço comunitário estimula a responsabilidade, aumenta a autoestima, principalmente se o artista estiver ao lado de sua obra para esclarecer e ouvir os comentários.

CONCLUSÃO

No transcorrer do projeto "Mil e uma artes", com as oficinas de origami, constatamos que os caminhos da aprendizagem cognitiva associada à afetividade promoveram comprometimento do aprendiz com seu desempenho, consequentemente ocorrendo uma aprendizagem de melhor qualidade.

Verificamos ainda que durante o processo o comportamento dos participantes se modificou, tornando-se mais amistoso e harmônico. O relacionamento grupal, que antes era conflituoso e agressivo, gradativamente se tornou cooperativo e criativo.

O cuidado e a atenção com o material, o envolvimento com as histórias e as curiosidades foram demonstrados na riqueza das produções e nos diálogos dentro do ateliê. Essas situações fizeram emergir um registro mais fino e mais matizado das reações afetivo-emocionais, facilitando a ação terapêutica subjetiva.

Esclarecendo que o papel do professor em sala de aula é o de educar e ensinar, e não terapêutico, mas pontuando que a aprendizagem, quando realizada com o campo afetivo, torna-se subjetivamente terapêutica, pois traz prazer e desenvolve a autoestima.

No desenvolvimento da atividade plástica foi preciso vencer a matéria, dar forma ao amorfo, descobrir o sentido do novo. E múltiplas pulsões conscientes e inconscientes foram estimuladas. A folha branca representou ao mesmo tempo o vazio, a continuidade do nada e a totalidade do poder, isto é, a enorme dimensão do possível antes que o real o toque. Na aventura de criar, de transformar, de vencer os desafios, o sujeito encontra uma forma objetiva de repensar a realidade. Essa nova forma de aprender propicia um encontro do sujeito com ele mesmo, tornando-o responsável pela sua aprendizagem.

As oficinas de origami promoveram a expansão do pensamento lógico-racional; consequentemente, o campo do pensamento abstrato também. Com a expansão do campo imagético-criativo, o sujeito descobre novas possibilidades, a psique processa esses conteúdos e os transpõe para a linguagem verbal por meio de histórias ou relatos verbais, configurando, portanto, um novo processo de aprendizagem e amadurecimento psicológico.

A experiência aparentemente efêmera possibilita o amadurecimento individual e grupal.

Aprender a dobrar e vincar gera conhecimento, o qual estimula a aquisição de um novo aprender, instalando a necessidade de novas aprendizagens, e assim infinitamente.

Quem aprende a fazer uma dobradura deseja aprender a fazer outra e mais outra e mais outra...

REFERÊNCIAS BIBLIOGRÁFICAS

ALESSANDRINI, Cristina Dias. *Oficina criativa e psicopedagogia*. São Paulo: Casa do Psicólogo, 1996.

ANDRADE, Liomar Quinto de. *Terapias expressivas*. São Paulo: Vetor, 2000.

ASCHENBACH, Maria Helena; FAZENDA, Ivani; ELIAS, Marisa. *A arte--magia das dobraduras*: história e atividades pedagógicas com origami. São Paulo: Scipione, 1990.

BARBOSA, Ana Mae (org.). *Arte-educação*: leitura no subsolo. São Paulo: Cortez, 1997.

_____. *A imagem do ensino da arte*. São Paulo: Perspectiva, 2001.

BYINGTON, Carlos Amadeu Botelho. *A construção amorosa do saber*: fundamento e a finalidade da pedagogia simbólica junguiana. São Paulo: Religare, 2003.

CASCUDO, Luís da Câmara. *Superstições e costumes*. Disponível em: <http://www.jangadabrasil.com.br/outubro38/fe38100a.htm>, ano III, n. 38. Acesso em: out. 2001.

CHEVALIER, Jean; GHEERBRANT, Alain. *Dicionário de símbolos*. Rio de Janeiro: José Olympio, 1998.

DUMAS, Alexandre. *A tulipa negra*. São Paulo: FTD, 2006.

FERRAZ, Maria Heloísa Corrêa; FUSARI, Maria Rezende. *Metodologia do ensino de arte*. São Paulo: Cortez, 1999.

_____. *Arte na educação escolar*. São Paulo: Cortez, 1992.

JUNG, C. G. *O espírito na arte e na ciência*. Petrópolis: Vozes, 1985.

KANEGAE, Mari; IMAMURA, Paulo. *Origami*: arte e técnica da dobradura de papel. São Paulo: Aliança Cultural Brasil-Japão, 1988.

KANEGAE, Mari. *A arte dos mestres de origami*. São Paulo: Aliança Cultural Brasil-Japão, 1997.

Osborn, Alex. *O poder criador da mente*. São Paulo: Ibrasa, 1987.

Païn, Sara; Jarreau, Gladys. *Teoria e técnica da arte-terapia*. Porto Alegre: Artes Médicas, 1996.

Piaget, Jean. *A formação do símbolo na criança*: imitação, jogo e sonho imagem e representação. 3. ed. Rio de Janeiro: Guanabara Koogan, 1964.

Reisin, Alejandro. *Arteterapia*: semânticas e morfologias. São Paulo: Vetor, 2006.

Tommasi, Sonia Maria Bufarah. *Arteterapia e loucura*. São Paulo: Vetor, 2005.

Vygotsky, Lev Semenovich. *Pensamento e linguagem*. São Paulo: Martins Fontes, 1991.

Sites

<http://www.comofazerpapel.com.br/historia.html>.

<http://www.usp.br/espacoaberto/arquivo/2002/>. Acesso em: out. 2002.

<http://www.nestle.com.br/site/anestle/estudantes/estu_prod/sorvetes/estu_prod_sorvetes_hist.aspx> Acesso em: mar. 2010.

<http://www.filiperson.com.br/historia_papel.asp>. Acesso em: mar. 2010.

Impresso na gráfica da
Pia Sociedade Filhas de São Paulo
Via Raposo Tavares, km 19,145
05577-300 - São Paulo, SP - Brasil - 2011